창업자금 칠만 이천 원

창업자금 칠만 이천 원

초판 1쇄 발행 2018년 7월 1일

지은이 성신제
발행인 권선복
편　집 김영진
디자인 김민영
전자책 천훈민
발행처 도서출판 행복에너지
출판등록 제315-2011-000035호
주　소 (07679) 서울특별시 강서구 화곡로 232
전　화 0505-613-6133
팩　스 0303-0799-1560
홈페이지 www.happybook.or.kr
이메일 ksbdata@daum.net

값 15,000원
ISBN 979-11-5602-614-3　(03190)

Copyright ⓒ 성신제 2018

* 이 책은 저작권법에 따라 보호받는 저작물이므로 무단전재와 무단복제를 금지하며, 이 책의 내용을 전부 또는 일부를 이용하시려면 반드시 저작권자와 〈도서출판 행복에너지〉의 서면 동의를 받아야 합니다.

도서출판 행복에너지는 독자 여러분의 아이디어와 원고 투고를 기다립니다. 책으로 만들기를 원하는 콘텐츠가 있으신 분은 이메일이나 홈페이지를 통해 간단한 기획서와 기획의도, 연락처 등을 보내주십시오. 행복에너지의 문은 언제나 활짝 열려 있습니다.

아직도 창업이 두려운가요?

창업자금 칠만 이천 원

성신제 지음

₩ 72,000

도서출판 행복에너지

목차

머리말 8

I. 창업자금 칠만 이천 원

1. 두 주먹 불끈 쥐고

한국 최초의 모르몬 교도(?) 14 포트 사이드에 맺힌 한 17 두 주먹 불끈 쥐고… 21 도망치다 배운 바둑 25 창업 자금 칠만 이천 원 28 케네디 공항에서 흘린 눈물 32 증여세를 맞아도 37 최초의 돈벼락 42

2. 한국에선 내가 하겠소!

"한국에선 내가 〈피자헛〉을 하겠소!" 45 뜻밖의 산아제한(?) 48 이태원의 바람잡이 50 장군의 아들 52 추적 60분 55 최초의 빨간 지붕 59 여기다 팔 수 있다면 64 아슬아슬 쌓는 기술 65 고장 난 망원경 67

3. 우리, 참나무 장작에 서명합시다

"우리, 참나무 장작에 서명합시다." 69 "나의 문화유산답사기" 73 疑人莫用 用人勿疑(의인막용 용인물의) 75 도대체 어떤 운동이기에… 78 베네치아의 뱃사공 81 가자! 장미 여관 대신 서점으로! 83 이 공, 손님 공인가요? 85

II. 멋진 성공을 위하여

1. 멋진 성공을 위하여

햄버거 정찰병 90 〈타코벨〉로 참패하다 93 경쟁해야 앞서간다 99 즉흥 춤의 명수들 100 음식 문화는 자랑인가? 금기인가? 102 써야 매뉴얼, 들으면 잡담 104 입맛이 변한 걸까? 112 알아야 면장을 하지 117 최고의 서비스는 채용하는 것 120 걸어 다니는 장식물 123 백 개의 삶은 계란 124

III. 영원한 고민, 서비스

1. 영원한 고민, 서비스
영원한 고민 서비스 130 이제는 토탈 서비스시대 131 왜 서비스가 나빠지는가? 132 현대판 "암행어사 출두야!" 138 돌고 도는 풍차 143 사랑의 매질 144

2. 점점 더 커집시다
어디에다 무슨 이름으로? 147 이런 장소에 문을 열면 쉽게 망한다 148 어떤 상호를 내걸 것인가 152 가격 할인, 만병통치약인가? 154 CF는 기업주를 닮는다 156 밤새운 "레디 고!" 158 누가 실세인가? 160 지금은 특방 중 161

3. 자나 깨나 '선착순'
자나 깨나 '선착순' 164 고장 난 기계는 즉시 손볼 것 164 서비스에 장고(長考)는 없다 165 작은 고추가 매운 법 166 죽이느냐 죽느냐… 171

4. 오는 말이 안 고와도
피 묻은 메뉴판 175 쭈그리고 먹는 피자 179 짬짬이, 몰래 앉히자 183 오는 말이 안 고와도… 185 웃으면 복이 와요… 188 거울도 안 보는 여자… 190 꼬리를 못 자르면 193

5. 아름답고 능률적인 그림

아름답고 능률적인 그림 197 화장실로 평가하자 200 내부 수리 중 202 한석봉이라 할지라도 204

6. 일류가 되려면

저 나이에 아직도 배달을? 206 무엇에서든 일류가 되자 208 그래도 틈은 있다 210

7. 잘 버려야 맛있다

맛있는 거 사주세요 216 잘 버려야 맛있다 219 깡통 김치의 맛 221

- ■ 후기 224
- ■ Facebook 기록들 225

머리말

1994년 공보처는 "나의 경쟁력이 나라의 경쟁력"이라며 국민 모두가 경쟁 상대를 정해 놓고 세계 수준을 향하여 뛰어야 한다고 아우성이었다. 요즘은 아예 1인당 국민소득은 세계에서 몇 위이고 토플 성적은 몇 위라는 식으로 서열까지 매기고 있다.

온 나라가 이렇게 세계화 열풍 속에 있으니 외식 산업도 예외일 수는 없는 모양이다. 대부분의 외국 브랜드들이 원산지 규모보다 더 커지고 화려해지고, 연일 매출 규모 면에서 세계 기록을 달성하고 있다고 언론 매체들이 떠들썩하다. 걱정인지, 찬사인지….

지난 긴긴 세월을 절대 빈곤 속에서 살아온 우리들이기에 모처럼 허리띠 풀어 놓고 먹어 보자는 데 가시 돋친 이야기까지 할 필요는 없지 않은가? 이런 말 하는 나 자신도 지난 수십 년간 외국 브랜드 들여와서 한때 돈 많이(?) 번 처지였으면서 말이다.

그러나 그토록 번지르르한 우리의 외형이 무너져 내린 성수대교와 폭발해 버린 대구 지하철 공사장과 함께 공존하고 있는 현실을 보고 있노라면 가슴이 철렁 내려앉는다.

막대한 지역 독점료에다 그날그날 매출의 몇 %에 해당하는 로열티까지 지급하면서 정작 배워야 할 그들의 선진 식당운영 기법이나 음식조리 기술을 우리 사회에 얼마나 도입시켰나?

천문학적 숫자의 자금을 실내 장식에 퍼부어 매출 올리기에만 급급하고, 뜻있고 능력 있는 젊은이들을 뽑아 강한 훈련을 통해 전문 경영자로 키워내기보다는 돈 몇 푼의 유혹으로 기존 업체에서 빼내오는 인사 정책으로 일관해 오고 있는 것은 아닌가? 그렇게 많은 자본을 투자했는데 남은 것은 무엇인가?

막대한 이윤만 현금으로 남았을 뿐, 인재는 양성되지 않았고 외식업에 대한 사회 전반의 인식도 고양되지 않았다. 이건 분명히 외식업을 하는 우리의 책임이다. 어쩌면 누구보다도 그 책임을 절실히 통감하기 때문에 이 글을 쓰게 된 것인지도 모른다.

나는 '제대로' 돌아가는 식당을 만들고 지키는 일에 누구보다도 철저해 보려고 노심초사했었다. 외국의 식당 브랜드를 들여와 운영하면서, 우리가 소홀히 여기는 것을 '실에 꿰어' '보배'로 만들어내는 그들의 안목을 보고는 무릎을 친 때도 많았다. 별것도 아닌 것 같은데 실제로는 엄청난 결과의 차이를 가져다주는 그 무엇들. 그것을 나는 독자들과 나누고 싶다.

그리하여 집 밖에서 한 끼의 식사를 하고자 할 때 누려야 할 우리의 권리와 그 식사를 제공하는 또 다른 우리의 도리에 대해 함께 이야기하면서, 우리 외식업에 대한 반성과 앞으로의 발전까지도 내다보는 기회가 되었으면 한다. 무엇보다도 외식업에 종사하시는 동업자들과 나누는 허심탄회한 토론의 장이 되기를 바란다.

마지막으로 중도에서 좌절하여 포기하지 않도록 채찍질해 준 아내와 기훈, 윤경 두 남매에게 고마움을 표하며 많은 자문에 응해주신 주위 여러분께 감사의 뜻을 보낸다.

2018년 6월

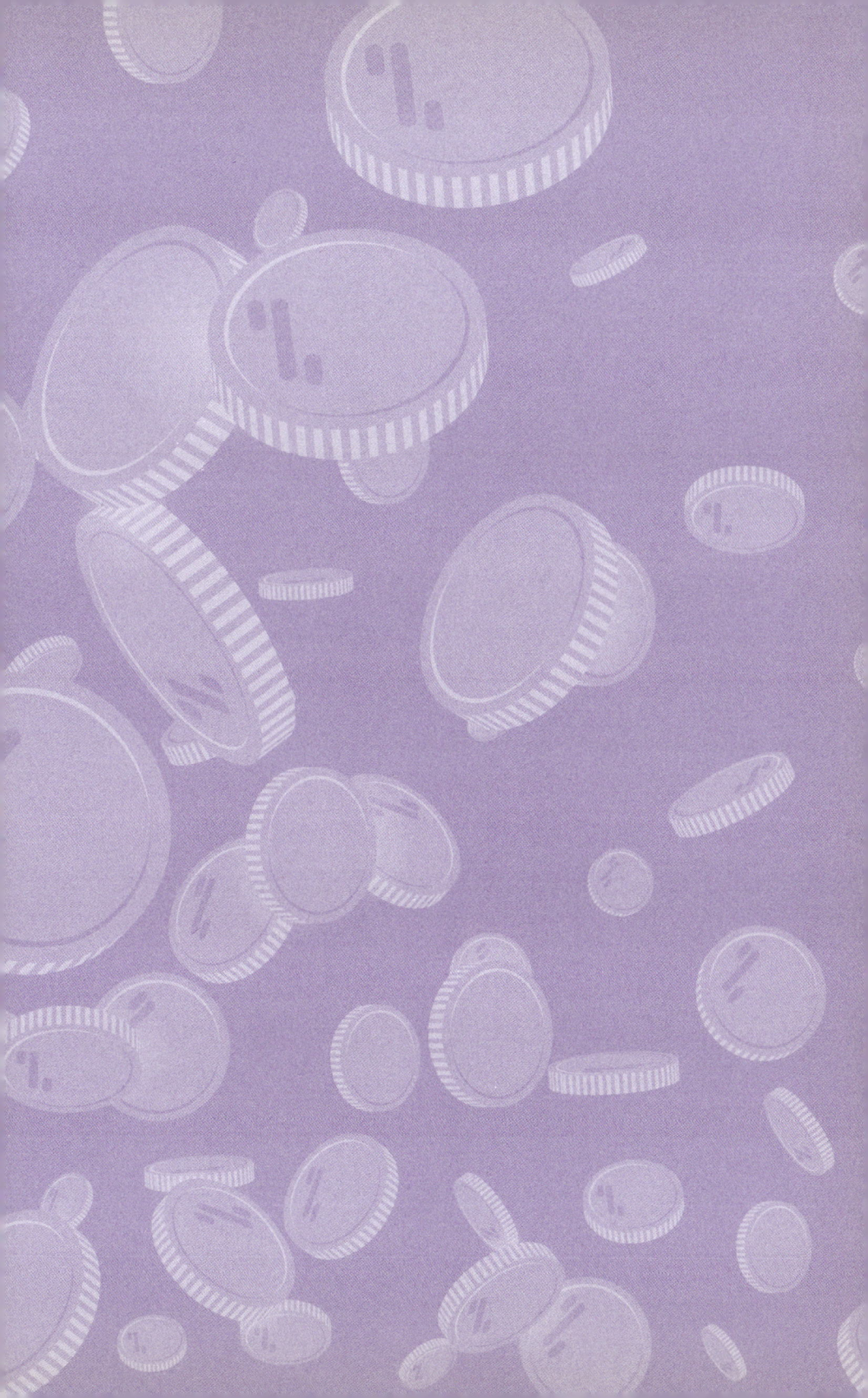

1

창업자금
칠만 이천 원

1. 두 주먹 불끈 쥐고

한국 최초의 모르몬 교도(?)

누군가 "가난은 부끄러운 게 아니다. 단지 불편할 뿐이다."라고 했다. 이건 분명 말장난이다. 배급 밀가루에 이스트만 넣어 부풀린 빵을 몇 날 며칠 먹어 보라. 그건 지옥이다. 누구도 지옥이 '단지 불편한 곳'이라고 말하지는 않을 것이다.

등록금을 내지 못해 등교 정지를 당하고 산동네 골방 구석에서 하염없이 울고 또 울었던 시절, 나는 무엇을 먹든 굶지 않고 책가방 들고 아침저녁으로 학교를 왔다 갔다 할 수만 있다면 행복하다고 생각했다.

1964년 보성중학교를 수석으로 졸업하고 입학한 경기고등학교. 그곳은 나에게 도전으로 가득한 전쟁터였다. 장안에서 난다 긴다 하는 수재들만 모여서 그런지 그들과 나누는 말 한마디 한마디가 도무지 편하지 않았다. 더더욱 나를 긴장시켰던 것은, 왜 그렇게 부잣집 아이들이 많은지…. 하굣길에 혹 같은 방향으로 가게 되는 학생이 있을까 봐 무척이나 마음 졸였었다.

입학한 지 한 달쯤 되었을 때 이곳저곳에서 급우들이 모여 앉아 나누는 이야기는 나를 더욱 놀라게 했다. 몇 명씩 그룹을 지어 미국인을 모셔(?) 놓고 영어회화를 배운다는 것이 아닌가? 나는 긴장했다.

'그들과 같이 할 수는 없지만 혼자서라도 뭔가 해야만 한다.'

이렇게 조바심만 하고 있는데 하늘이 무심치 않았다. 아침 등굣길에 웬 미국인 두 명이 교문 입구에서 학생들에게 무엇인가를 나누어 주고 있었다. 무심코 받아 쥔 안내문을 읽는 순간 나는 '이거다.' 하고 손뼉을 쳤다.

날아갈 듯이 기뻤다. 그 미국인들은 한국에 처음 진출한 모르몬교회(말일예수그리스도교회)의 선교사였는데 한국에서의 포교 사업을 '모르몬 성경 공부회'로부터 시작하기로 하고 학생들을 모으고 있었던 것이다. 더욱 다행스러운 것은 그들이 한국말을 한마디도 못한다는 사실이었다.

나는 그들을 만날 일로 머리가 꽉 차 있었다. 제일 처음 무슨 말을 할까, 하고 때까지 나의 머리는 온통 영어 작문으로 꽉 차 버렸다.

"My name is Sung Shin Je. I am 15years old. I want to learn more about Mormon church…."

모조리 'I'로 시작하는 어설픈 문장을 이리저리 다듬어 보며 나름대로 예상 질문, 답변까지 철저히 준비하고는 안내문의 약도를 따라 삼청공원 입구에 있는 선교 본부를 찾아갔다. 며칠씩 안내문을 돌렸음에도 성과가 전혀 없어 실망하고 있던 그 선교사들은 어린 나를 보자 구세주를 만난 듯 반겨 주었다. 그날부터 매일 방과 후 나는 그분들과 모르몬 성경을 놓고 교리 공부를 하였다. 그들이 한국말을 전혀 하지 못했기 때문에 아주 쉬운 단어 하나까지도 영어로 쉽게 풀어서 설명해 주었고 나 역시 혼신의 힘을 기울여 그분들의 말을 알아들으려고 노력했다. 하루가 다르게 귀에 들어오는 영어도 재미있었지만 공부하는 중간중간에 내주는 초콜릿이며 비스킷, 오렌지 주스 등의 맛은 더욱 일품이었다.

약 6개월여에 걸친 하드 트레이닝의 결과 아주 심한 지방 사투리만 아니면 미국인과의 의사 소통에 불편을 느끼지 않게 되었다. 드디어 짐을 싸서 산을 내려와야 할 때가 된 것이다.

그러나 그때까지도 나를 한국 최초의 모르몬 교도로 생각하고 있는 그분들의 순수한 눈동자를 쳐다보니 차마 사실을 털어 놓을 수가 없었다. 며칠을 망설이다 말을 꺼내니 그분들의 실망은 이만저만이 아니었다. 그때 엄청나게 실망하는 그분들을 뒤로하고 삼청공원 길을 내려오며 나는 다짐했다. '다시는 거짓말하지 말아야지.' 물론 잘 지켜지지는 않았다.

그 일이 있은 후 모르몬 교회에서는 한국에 선교사를 파견하기 전에 하와이에 있는 어학 센터에서 철저한 한국어 교육을 시켜 보낸다고 들었다. 자연히 선교사들로부터 공짜로 영어를 배웠다는 사람도 없어졌다.

얼마 전 아들과 이런저런 대화를 나누던 중 그 당시 생각이 난 나는 내 손때가 묻은 채 아무 말 없이 50년을 따라와 서재 한구석에 자리 잡고 있던 그 모르몬 성경을 찾아 내 아들 손에 쥐여 주었다.

"시간 날 때 틈틈이 읽어 보면 아버지의 어린 시절을 느낄 수 있을 거야."

그러나 삶의 차가운 밑바닥에 엉덩이를 대고 살았던 애비의 삶이 아들에게는 그저 먼 이야기인가 보다. 얼마 전 읽어 보았느냐고 물었더니 '스키 타느라고 바빠서' 아직도 못 읽었다고 한다.

포트 사이드에 맺힌 한

1976년 7월, 1년 10개월에 걸친 호남정유(現 GS Caltex) 비서실 생활을 마치고 내가 선택한 길은 무역이었다.

"꿈을 가진 대한의 남아여! 세계로 가자!"

'종합 상사'라는 제도의 출범을 앞두고 온 나라가 수출, 수출을 부르짖으며 이런 광고가 연일 일간지의 광고면을 채우던 때였다.

주식회사 삼화의 입사 시험에 합격하여 첫 출근하던 날, 나는 스스로에게 다짐하였다. '반드시 세계를 누비는 무역인이 되리라.'

삼화에서의 근무 부서는 해외지사 관리실이었다. 단순한 해외지사 관리 업무 외에 해외 관련 프로젝트도 통괄하는 부서였다. 요즈음 흔히 쓰는 명칭으로는 해외사업 본부에 해당하는 곳이다. 당시 해외지사 관리실장으로 있던 C선배가 워낙 출중한 능력의 소유자라 그런지 해외지사 관리실은 실세로 불리고 있었다. 더구나 막 종합 무역을 시작한 터라 부서 간 업무 관장이 애매한 일은 모두 지사 관리실에서 취급하는 것이었다.

그중에서도 유달리 나의 관심을 끌었던 부분은 일반 사업부서에서 해외 바이어와 주고받는 텔렉스였다. 그런데 그 텔렉스를 유심히 관찰하다 보니 문제가 있었다. 종합 무역이 막 시작되던 시기라 해외 업무에 일가견이 있는 전문가가 드물었다. 그러다 보니 각 사업부서에서 해외 바이어와 주고받는 텔렉스 문안이 전문적으로 작성되지 않아 불필요한 비용이 낭비되고 있을 뿐더러 내용도 세련되지 못하여 거래에도 지장을 주고 있었다. 뿐만 아니라 텔렉스실의 오퍼레이터가 전문을 완전 해독하지 못하여 엉뚱한 부서로 전문이 배분되는 혼선을 빚기 일쑤였다. 나는 이런 문제를 지적하면서 앞으로 모든 텔렉스 교신은 지사 관리실을 거쳐서 하도록 하여야 한다는 내용의 기안을 올렸다.

"취지야 좋지만 해외지사 관리실의 기존 업무도 과중한데 해낼 수 있겠어?"

"틀림없이 해낼 수 있다."라고 답변하였고 이 안은 즉시 시행되기에 이르렀다. 그날부터 말단 계장에 불과하던 내 책상 위에는 전 세계가 모여들기 시작하였다. 무역에 관한 가장 신속하고 신선한 최고급 정보가 매일매일 내 손을 거쳐 요리되기 시작한 것이다.

'정보를 장악하지 못하고 어떻게 대권을 바라보겠는가?'

정보를 틀어쥔 내 승진은 이미 받아 놓은 밥상이나 마찬가지였다.

해외시장을 개척하려는 각 사업부서에서는 가장 확실한 정보를 해외지사 관리실을 통해서 얻을 수밖에 없었다. 신제품이 개발되면 으레 가장 먼저 지사 관리실로 상의해 오게 되었다. 신제품을 접한 사업부서에서 해당 품목을 개발, 제조한 업체를 독점 계약으로 붙잡아 두려면 가장 확실한 방법이 남들이 주저할 때 먼저 오더를 해주는 방법이다. 수출의 경우도 마찬가지였다. 가장 확실하고 편리한 방법이 바로 지사를 통한 수출이며 지사를 움직이려면 지사 관리실을 통해야 했다. 때문에 모든 정보를 통제하는 지사 관리실은 막강한 영향력을 행사하게 되었다.

자연, 승진도 빨라 입사한 지 4개월 만에 계장에서 대리로 승진하게 되었는데 며칠 되지 않아 나는 또 다른 시험대에 오르게 되었다.

'포트 사이드에 창고를 짓고 현지 판매를 추진하는 계획안을 세워 보도록!'

해외 출장을 떠나면서 실장이 내게 던진 지시 사항이었다.

막막하였다. 그동안 실장의 그늘에서 남들이 하는 일을 거들고 평하는 것은 해보았으나 나 스스로 나서서 전적인 책임을 지고 프로젝트를 추진해 본 경험은 없었기 때문이다. 나보다 더 난감해하는 부하 직원들을 독려해 가며 일주일 걸려 초안을 잡을 수 있었다. 삼성이나 대우 같은 종합 상사에 비해 북미, 유럽 지역에서 열세였던 삼화가 새로운 주력 시장으로 중동, 아프리카 지역을 개발하자는 야심 찬 계획이었다. 그 계획은 시장 개척 활동이 미미한 중동 및 아프리카 지역 진출을 위한 교두보를 포트 사이드 자유무역지대(Free Zone)에 설치하고 판매 가능성이 많은 제품을 사전 기획·생산·수출하여 현지에서 항상 상당 수준의 재고량을 유지하며 시장개척에 나선다는 것이었다.

사장실에서의 브리핑은 일단 성공이었다.

"내일 오후 각 사업부의 부장 이상 간부 회의를 소집하고 이 사업을 추진할지 여부를 결정하겠으니 지사 관리실에서 회의를 준비하시오."

흥분되기도 하고 기가 막히기도 했다. 이제 막 대리 계급장을 단 신출내기가 종합 상사의 기라성 같은 간부들을 상대로 사업 계획을 펼쳐 보여야 하는 것이다. 부랴부랴 회의 소집 통지서를 만들어 각 부서장에게 직접 건네면서 협조를 부탁했다. 궁하면 통한다고 혁제 사업부의 Y부장이 나의 첫 응원군이 되어 주었다.

"이 아이디어, 누구 겁니까?"

Y부장의 물음에 내가 엄지손가락을 들어 보이자, 그는 씩 웃으며 "잘 해봅시다."라고 하며 악수를 청해 왔다. 다음 날, 간부 회의는 시작되고 나는 떨리는 마음을 애써 진정시키느라 무진 애를 쓰고 있었다.

"성 대리, 사업 계획안을 설명해 보시오."

드디어 진군의 나팔소리. 군에서, 그리고 호남정유 비서실에서 몇 차례 브리핑을 해보았기 때문에 솜씨를 살려가며 그럭저럭 끝낸 것 같았다. 그런데 계획을 놓고 자유 토론에 들어가자 모든 질문이 나에게 집중되기 시작했다. 도무지 정신을 차리기 힘들 지경이 되었다. 그러자 이때부터 Y부장과 나눈 악수가 빛을 발하기 시작했다. 어려운 질문이 나오면 'Y부장님께선 어떻게 생각하십니까?' 하는 식으로 넘겨 버리자 사장이 직접 추진하고자 하는 프로젝트임을 눈치챈 Y부장이 적극적으로 방어를 하는 식으로 진행된 두 시간에 걸친 회의는 긍정적인 결론을 내게 된 것이다.

몇 개월 후 나는 현업 부서에서 무역 실무를 익히기로 하고 해외 지사 관리실을 떠나 경공업 사업 본부 운동용구과로 배치를 받았다.

그 후 포트 사이드에 지사가 설치되었고 거대한 창고도 들어서게 되었다는 소식을 전해 들을 때면 가슴 뿌듯한 자부심을 느끼곤 했다.

그러나 막상 물품 선적 시기가 다가오자 경악을 금치 못할 사태가 벌어지고 있었다. 물품 생산을 맡은 부서에서 거의 쓰지도 못할 정도의 쓰레기 같은 불량품들을 산더미같이 실어 내간 것이다. 머리 부분도 없이 삽자루만 실려 나가기도 했으니 말이다. 서울에서든, 포트 사이드에서든 품질에 대해 책임을 지는 사업부서가 정해지지 않은 채 사업이 추진되었고 현업 부서에서는 이 포트 사이드 프로젝트를 '한 건 하는' 식으로 취급했던 것이다.

창고에 쌓인 제품들이 녹이 슬어 못 쓰게 된 채로 방치된 모습이 담긴 사진을 받아 보고 나는 가슴이 아팠다.

무역에 있어 사리사욕을 채우는 데에만 혈안이 된 업자들이 정리되지 않고는 조만간 나라 전체가 그 창고 같아질 것이라는 생각이 들었다.

지금도 가끔씩 세계지도를 살펴보다가 이집트 쪽이 눈에 들어오면 포트 사이드란 이름이 뒤따라오곤 한다.

얼마 후 성수대교가 무너진 것을 보면서 그 '삽자루의 망령'이 되살아난 것을 본 것 같아 섬뜩하였다.

두 주먹 불끈 쥐고…

1977년 9월 초 김포공항으로 향하는 내 가슴은 한없이 뛰고 있었다. 말로만 듣던, 또한 해외사업부에서 남의 수발만 들어 주던 그 해외여행을, 내가 직접 하기 위해서 나가는 길이었다. 유럽 몇 나라를 거쳐 미국으로 돌아오는 약 1개월의 세일즈 여행이었다.

처음 나가는 외국이었지만 나이도 젊었고 영어도 웬만큼은 자신이 있어 그렇게 당황하지는 않았다. 그러나 자신감이 너무 넘쳤었나 보다.

'유럽까지 와서 파리 구경도 못 해보고 돌아갈 수는 없지 않은가?'

과욕을 부린 것이다.

일정에도 없는 '파리의 3일'을 어떻게 짜내나 궁리 끝에 암스테르담에서의 상담을 전화로 대체하기로 했다.

당시만 해도 일반인의 해외여행 기회란 매우 한정되어 있었고 더욱이 유럽 지역에서는 북한과의 대립이 매우 첨예하였으므로 본사는 출장 나가는 직원들의 안전에 신경을 곤두세우던 시절이었다. 따라서 직원들은 해외 출장 시 본사 해외지사 관리실로 매일매일의 동정을 텔렉스로 연락하기로 되어 있었다.

그러나 '파리에로의 탈출'은 일정에도 없는 것이었으니 본사에 연락을 취하고 어쩌고 할 수가 없었다. 눈 딱 감고 3일간 실종되기로 작정하였다. 계획대로라면 직접 방문하여 상담하기로 되어 있던 암스테르담 일정을 아침부터 전화기에 매달려 점심나절에 끝내고 말았다.

그리고 3일간 실종.

하여튼 환상적인 파리 여행을 3일 만에 마치긴 했는데, 정해진 일정으로 복귀하자니 그것도 그렇게 쉬운 일은 아니었다. 내가 할 일은 독일의 쾰른(Köln)에서 열리는 'SPOGA'라는 세계 최대의 운동용구 박람회에 참가하는 일이었다. 원래는 독일 지사원의 안내하에 참석키로 되어 있었으나 3일씩 탈영(?)했던 처지에 그들에게 공항으로 마중 나와 달라고 부탁할 염치가 없었다. 하는 수 없이 본(Bonn) 공항에서 내려 기차와 버스를 갈아타고 박람회장으로 직접 찾아가기로 하였다. 어둠이 깃들기 시작한 쾰른시에서 박람회장을 물어물어 찾아간 것은 저녁 7시가 넘어서였다.

나는 어디 큰 강당 같은 곳에 옹기종기 모여 전시회를 하는 것으로 상상하였다. 그런데 현장에서 본 규모는 가히 충격적이었다. 박람회장은 너무도 규모가 커서 구내에선 셔틀버스를 타지 않고는 움직이기 힘들 정도였다. 한국관은 본관 1호 전시실 4층이었다. 그러나 본관에 들어서는 순간, 나는 '괜히 왔구나' 싶었다.

무역진흥공사에서 4층에 한국 측 전시장으로 임대한 공간은 바로 비상구 옆 벽면이 전부였다. 입체적 공간이 아닌 벽면이라 우리가 가져간 견본을 벽에다 주렁주렁 매달고 나니, 그 앞의 의자 두 개가 우리의 휴게실이자 바이어 접대실이며 상담실이었다.

세계적 유명 브랜드에 근무하는 직원들이 그들의 전시품을 설치하는 모습이 나에겐 그렇게도 멋있고 부러워 보였다. 한국관에서의 전시 모습과 너무도 대조적이었던 것이다. 게다가 가져간 등산용 배낭을 전시하려고 보니 모양을 펴기 위해 필요한 스펀지 폼이나 스티로폼이 전혀 준비되어 있지도 않았다. 하는 수 없이 1층 쓰레기 하치장 입구에 가서 그네들이 보고 버린 신문지를 잔뜩 주워와 배낭을 채웠다. 수십 개의 배낭을 그런 식으로 진열하다 보니 밤을 꼬박 새울 수밖에 없었다. 그래도 포기할 수는 없었다. 이른 아침 호텔에 도착해서 서울에서 준비해 간 복주머니를 꺼내어 주머니에 명함 한 장씩을 일일이 챙겨 넣었다. 그 복주머니는 아내가 남대문 시장에서 구해 정성껏 챙겨 준 것이었다.

아침 9시. 박람회장에 들어서자 이곳저곳에서 틀어대는 경쾌한 음악이 피곤한 몸과 마음을 동시에 일깨워 주었다. '자꾸만 작아지려는' 몸과 마음을 채찍질해 가며 결전을 대비했다. 전시품도 초라하고 부대시설도 빈약하기 이를 데 없었지만 우리 부스를 찾아와 명함을 교환한 바이어의 경우, 꼭 그들의 부스를 다시 찾아가 상담을 벌이고 그들이 요구한 거래 조건에 관한 우리의 오퍼를 밤새워 준비해 다음 날 아침 전달하곤 하는 식으로 몸으로 부딪혔다. 물론 복주머니를 하나씩 선물하고 그 내력을 설명하는 것도 잊지 않았다.

전시회 이틀째가 되자 효과가 나타나기 시작하였다. 바이어들이 몰려오기 시작한 것이다. 수없이 찾아오는 바이어들로 식사할 시간도 없었다. 독일에서 합류한 테니스 용품과의 S모 과장과 번갈아 식사하려고 해보았으나 워낙 바이어들이 많이 찾아와 그것도 여의치 않았다. 그러나 굶어도 좋았다. 지금은 이토록 초라하고 가난하고 별 볼 일 없지만 우리도 열심히 일하면 머지않아 저들처럼 떵떵거리며 참가할 수 있다는 생각만으로도 저절로 신이 났다. 가방에 가득한 주문서를 기다리는 서울의 공장 근로자들을 생각하면 가슴이 뿌듯해 왔다.

나흘간에 걸친 치열한 전쟁이 끝났다. 우리는 뒤셀도르프 지사장을 따라 중국 음식점에서 회식을 하기로 하였다. 그때까지만 해도 독일의 뒤셀도르프에는 한국 식당이 없었다. 식당을 찾아가다 고개를 들어 하늘을 보니 달이 그렇게 밝을 수 없었다.

"야, 달 참 밝다. 완전히 보름달이구만."

"아니, 성 대리, 오늘이 무슨 날인지도 몰라? 추석이야, 추석."

지구의 다른 쪽에서 쳐다보는 추석 대보름달. 그 달을 쳐다보며 나는 문득, '어쩌면 내 인생은 앞으로도 수없이 많은 명절을 외국에서 보내야 할지도 모르겠다.'라는 생각이 들었다. 실제로 그날 이후 나는 근 8년 동안 추석을 외국에서 보냈다.

요즈음도 나는 어려운 상황이 닥치면 그때를 회상해 보고 혹시라도 그때의 'Hungry' 정신이 사라져 버린 것은 아닌지 스스로를 채찍질해 본다.

흰머리가 희끗희끗하여도 뜨거운 가슴으로 두 주먹 불끈 쥐고 일어설 수 있으면 우리의 몸과 마음은 언제나 청춘인 것이다. 국가도 마찬가지….

도망치다 배운 바둑

눈코 뜰 새 없이 바쁘기만 하던 종합무역상사 삼화에서의 보람찼던 나날이 그토록 빨리, 허무하게 막을 내리리라고는 상상도 하지 않았다.

1979년 봄, 율산 파동이 있은 직후 사주인 고 김지태 회장의 야당에 대한 정치자금 지원에 진노한 고 박정희 대통령의 지시로 시작되었다는 제2의 율산 파동이 바로 나의 모든 꿈을 앗아가 버린 것이다. 대통령의 말 한마디로 수입만 정상적으로 들어오고 지출은 완전 동결되었다.

　종합 상사의 수출 형태는 크게 자가 수출과 대행 수출로 나눌 수 있다. 자가 수출이란 자기 스스로 제조하여 수출하는 형식으로 실패하면 모든 손해를 자기 스스로 안아야 하는 위험 부담이 있으나 성공하면 그만큼 수익률이 높은 것이다. 한편 대행 수출이란 타 중소기업체가 외국으로부터 주문을 받아 생산까지의 일체를 진행시켜 놓고 종합 상사의 명의만 빌려 수출하는 형태로서 수익률은 극히 낮으나 위험 부담은 거의 없다.

　당시 내가 근무하던 운동용구과에서는 수익률을 높이기 위해 대행 수출을 지양하고 가급적 자가 수출로 유도하고 있었기 때문에 매우 의욕적으로 일할 수 있었다.

　그러나 은행 관리로 들어가자 제일 큰 타격을 받은 것이 운동용구과였다. 자가 수출 형태가 대부분이어서 모든 원·부자재, 그리고 하청 공장의 가공임까지 모두가 외상 형식으로 구매된 것이었다. 그러나 수출이 되고 선하 증권을 받아 은행에서 수출 대금을 받고 나서도 자금과에선 소식이 없었다. 그날로부터 외상 대금 독촉을 받느라고 날이 새는 것이다. 아침부터 찾아와 돈 내놓으라고 고함치는 업자들과 밀고 당기고 하다 보면 오후 서너 시도 못 가서 온몸은 파김치가 되었다. 그것도 당연히 주어야 할 돈을 안 주고 버티자니 마음고생도 무척이나 심했다.

"쳐다만 보지 말고 어떻게 결론을 내주어야 할 것 아닙니까?"

참다못해 중역실에 들어가 항의해 본들 무슨 뾰족한 수가 있는 것도 아니었다.

"사람이 없으면 그렇게 큰소리치고 하지는 않을 거요. 성 과장, 아침에 출근부 도장 찍고 바로 피해 있다가 저녁 늦게 퇴근 시간 때쯤 들어오시오."

기껏해야 이것이 중역이 내놓은 아이디어였다.

다음 날부터 매일 아침 출근부에 도장 찍고 회사 밖으로 도망 나오는 하루 일과가 시작되었다. 그러나 아침 9시부터 도대체 어디로 간단 말인가. 그렇다고 월급도 몇 달씩 밀려서 받는 처지에 용돈이 넉넉할 리도 없다. 가장 돈 적게 들이고 시간을 보낼 수 있는 곳이 어딜까? 그때 눈에 들어오는 간판이 '소공 기원'이었다. 지금은 없어졌지만 조선호텔 앞 지하도 입구의 허름한 건물 3층. 문을 열고 들어가 보니 아가씨가 바닥 청소하다 말고 물끄러미 쳐다본다.

"꼭두새벽부터…, 생기기는 멀쩡해 가지고 실업자구만."

이렇게 시작된 기원 출입도 며칠 지나 위기에 다다르게 되었다.

하루 종일 앉아서 바둑은 두지도 않고 구경만 하는 내가 주인의 눈에 곱게 보일 리 없었던 것이다. 그렇다고 두지도 못하는 바둑을 둔다고 할 수도 없고, 가르쳐 달라고 하기도 쑥스럽고, 하는 수 없이 퇴근길에 서점에 들러 바둑 입문 책을 사들고 집에 돌아와 고등학교

때 입시 공부하듯 싸매고 파고들었다. 두 주일 정도 공부하고 나니 어느 정도 돌 가는 방향이 보이기 시작하였다. 그 당시 기원은 주식회사 삼화 직원들로 북적거렸다. 조금 만만해 보이는 후배를 붙잡고 통사정하여 겨우 대국을 시작할 수 있었다.

이렇게 시작한 바둑이, 그해 11월 삼화를 그만둘 때는 7급 정도의 수준에 이르게 되었다. 아마 그런 생활이 1년만 더 계속되었더라면 상당한 수준에까지 이를 수 있었을 것이다.

그러나 11월, 삼화를 퇴직하고 '인센티브 스포츠'라는 회사를 창립하여 사업에의 길로 뛰어들고부터는 또다시 바둑과 멀어지게 되었다.

그때는 '바둑을 못 두어도 좋으니 돈 좀 벌었으면 원도 한도 없겠다.'는 심정이었다.

창업자금 칠만 이천 원

1979년 11월로 접어들자 회사는 꼴이 말이 아니었다. 무려 6개월 이상 모든 지출이 중단되다 보니 그동안 유지되어 왔던 원자재업체 및 가공업체와의 신용 관계는 완전히 끊겨 버렸다. 도대체 이 회사가 문을 닫지 않고 버티는 이유를 찾기 힘들었다. 아마도 사주와 은행 쪽에서는 부산에 있는 신발 공장이 그런대로 돌아가고 있으니 이를 바탕으로 재기할 수 있지 않을까 기대하고 있었던 모양이다.

그러나 서울에서 저질러 놓은 엄청난 규모의 부실 수출(포트 사이드 수출도 일익을 담당했다.)과 은행 측의 일방적 관리로 말미암아 하루라도 빨리 문을 닫는 것이 손해를 조금이라도 줄이는 최선의 방법으로 보였다.

'에라, 모르겠다! 우선 저질러 놓고 보자!'
"미스 김, 백지 한 장하고 흰 봉투 가져오세요!"
월급쟁이가 백지하고 흰 봉투가 필요한 때란 뻔하지 않은가?

도장을 꽝 하고 찍으니 그렇게 시원할 수가 없었다. 총무과에 제출하고 회사를 나오니 아직도 한낮인데 갈 데가 없었다. 소공동에서부터 을지로로, 다시 동대문으로 몇 시간을 천천히 걸어가며 생각해 보았다.

다시 취직을 할 것인가? 아니면 남들처럼 내 사업을 시작해 볼까? 고개를 저을 수밖에 없었다. 돈도 한 푼 없는 처지에 어떻게 사업을 시작한단 말인가?

집에 돌아와서도 아내에겐 한마디 말도 못 하고 이리 뒤척 저리 뒤척 밤새 뜬눈으로 지새웠다.

다음 날 아침 출근하는 척하고 집을 나와 소공 기원으로 향했다.

회사에 전화를 걸어 보니 별다른 변화가 없는 모양이었다. 내가 사표를 내면 온 회사가 다 떠들썩하게 나서서 말리고 어쩌고 할 줄 알았는데 아무런 움직임도 없다니… 누구라도 나서서 좀 말려 주면 못 이기는 척하고 다시 출근하려 했는데 말이다.

봉급쟁이가 가장 기분 좋을 때는 사표 쓸 때이고 가장 기분 나쁠 때는 그 후 퇴직금 받으러 갔다가 자기가 없음에도 회사가 멀쩡하게 잘 돌아가는 것을 볼 때라고 하더니 내가 그 짝이었다.

어쨌든 이미 사표는 낸 것이고 마땅히 취직할 곳도 없고 유일한 선택이란 사업을 스스로 해보는 것뿐이었다.

불안해하는 아내를 대충 둘러 안심시키고 현실적으로 계획을 짜기 시작하였다. 돈이 있어 그럴듯한 무역회사나 제조업체를 차릴 수 있는 처지도 아니고 보니 가장 손쉽게 시작할 수 있는 것이 오퍼상이란 것이었다. 우선 책상, 걸상만 있으면 시작해 볼 수 있을 것 같았다.

처가에서 가지고 있던 시청 앞의 5층 빌딩이 생각났다. 5층에는 세 들었던 회사들이 놓고 간 책상이며 걸상을 쌓아 두는 약 2평 정도의 공간이 있었다. 처가의 양해를 구하고 그중 제일 쓸 만한 책상을 꺼내 깨끗이 닦고 걸상까지 구해 놓으니 제법 그럴듯해 보였다. 전화는 전화기만 사다가 안집과 연결해서 쓰게 하고, 타자기는 동생이 가지고 있던 고물 수동 타자기를 빌려 왔다. 옛날 동료들도 따뜻한 정을 보여 주었다.

"돈도 없어 무슨 기념될 만한 걸 사지도 못하여 죄송하구려. 다행히 우리 과에서 샘플로 가지고 있던 소형 손금고가 있어 가져왔으니 부디 이 손금고가 터지도록 돈 많이 버시오."

"날씨도 추워지는데, 별로 좋지는 않지만 가죽 잠바 한 벌 가져왔습니다."

게다가 마음에 드는 여직원까지 구했으니 일은 잘만 풀려갈 것 같았다. 삼화에 있을 때 거래하던 한 작은 기업에서 무역 업무를 담당하다 집에서 쉬고 있던 K양이 같이 일하자는 나의 제안에 흔쾌히

응해 주었던 것이다.

"이게 우리 총 자본이오."

그때 내가 K양에게 전해 주었던 총 자본은 정확히 '칠만 이천 원'이었다. 그는 실망하기는커녕 환하게 웃으며 "큰 돈 가지고 시작하면 재미없어요." 하더니 문구점에 가서 대충 살림살이를 장만해 왔다. 금전출납부 한 권, 볼펜 한 다스, 기안지 몇 권, 파일 몇 개, 주판 한 개….(그 당시 대만제 전자계산기는 값이 만만치 않았다.)

이렇듯 무모한 도전이 가능했던 배경에는 나에게 믿는 구석이 있었기 때문이다. 한 달 후면 받게 될 퇴직금이었다. 그 돈이면 적어도 4~5개월은 버틸 수 있고 그래도 성과가 없으면 다시 취직하면 될 것이란 계산이었다.

그러나 수십 년이 지난 지금까지 나는 그 퇴직금을 받지 못하고 있다.

마음씨 고운(?) 사장인 줄 알았더니 아직까지 퇴직금을 안 주는 걸 보면 꼭 그렇지만은 않은 것 같다. 하여간 퇴직금 하나만 믿고 닻을 올렸던 그 배는 흘러 흘러 20여 년을 가라앉지 않고 항해를 계속했으니 고마울 뿐이다.

단지 조그만 바람이 있다면 지금이라도 그 퇴직금을 받았으면 좋겠다는 것이다. 지금 나에게 그 돈이 그리 큰 것은 아닐지라도 그것은 내 젊은 청춘에 대한 보상이기 때문이다.

케네디 공항에서 흘린 눈물

1982년의 어느 겨울은 유난히 추웠다. 1981년 6월, 그렇게도 잘 운영되어 나가던 사업에 마가 씐 것이었다.

울주에 있던 사업가 두 분과 합작으로 세일산업이란 운동용품 제조 공장을 차린 것이 본궤도에 올라 하루하루 사업이 커가는 재미에 시간 가는 줄 몰랐었다.

나는 물려받은 재산도 없고 그간의 직장 생활로 쌓아 둔 밑천도 없었다. 다행히 아내와 맞벌이로 일하며 조금씩 모은 돈으로 분양 받은 신반포의 작은 아파트 한 채가 있었는데 80년대 초반 전국에 불어닥친 부동산 붐에 힘입어 감정 평가를 해보니 사백만 원은 융자받을 수가 있었다. 이 돈을 공장에 투자하고 나는 해외 주문을 전담키로 하였다. 공장에서 성심 성의껏 제품을 만들어 준 덕도 있고 또한 서울에서 외국 바이어들과 억척같은 상담을 벌인 결과 공장은 앞으로 6개월 정도의 작업 물량을 언제나 확보하게 되었다. 주종 품목은 접착식 축구공과 배구공이었다.

그러나 잘되는 것이 화근이었다. 울주 공장에서 근무하던 파트너들이 품질 좋은 제품이 공장에서 쏟아져 나오겠다, 굵직굵직한 해외 바이어로부터의 주문은 첩첩이 쌓여 있겠다, 무엇하러 서울에 별도로 사무실을 두고 합작 형태로 이윤을 나누어야 하냐고 생각했던 모양이다. 해외 바이어들이 필요하면 공장으로 주문을 하기 위해 몰려오겠지 생각했던 것이다.

1981년 6월 말 그들은 느닷없이 임시주주총회를 소집하고 나와의 결별을 선언하였다. 내 투자 지분은 3개월 내에 상환키로 약정되었다.

그러나 7월 초부터 당장 문제가 발생하기 시작하였다. 그토록 쉬워 보였던 선적 업무에 차질이 생긴 것이다. L.A로 가야 할 물건이 뉴욕으로 가는 등 국제 업무를 잘 모르니 실수 연발이었다. 자연히 하나둘 바이어들이 이탈하기 시작했다. 더구나 그때까지 숨죽이고 있던 경쟁업체에서 이때를 놓칠세라 총공격을 감행하니 울주의 공장에 들어앉아 바이어가 찾아오기를 기다리는 사람들에게 돌아갈 주문이 어디 있을 것인가?

그뿐인가. 뜻하던 대로 회사가 경영되지 않자 파트너들끼리 싸움이 시작되었고 무슨 내용인지는 자세히 알고 싶지도 않아 캐보지 않았으나 서로가 서로를 고소하고 급기야 3개월 만에 회사는 부도가 나고 파트너들은 전부 구속되기에 이르렀다. 그러니 내 투자분 회수용으로 받은 어음은 한낱 휴지조각이 되어 버렸다. 눈앞이 캄캄했다.

투자원금 사백만 원을 고스란히 날리고 제조 시설도 없이 덩그러니 사무실만 남아 있으니 어디서부터 무엇을 어떻게 해야 할지 참으로 난감했다. 은행 이자를 내지 못하게 되자 급기야 은행에선 빨간 딱지를 들고 나타났다. 냉장고며, TV며 돈 될 만한 것에는 온통 빨간 딱지가 붙었다. 가장 마음이 아팠던 것은 한을 안고 돌아가신 선친이 물려주신 유일한 유산(?)인 심원 선생의 그림 한 폭에도 그 볼썽사나운 딱지가 붙은 것이었다. 사업상 어려운 국면에 부딪힐 때마다 일찍 돌아가신 아버지와 대화를 나누듯 나는 그 그림을 바라보며 혼자 중얼거리곤 했던 것이다.

'秋江獨釣(추강독조), 가을 강가에 홀로 앉아 낚시를 한다.'

갈대숲을 뒤로한 농부가 강가에 앉아 낚시하는 모습을 바라보며 외국에서 받은 신용장이며, 해외 출장 중에 있었던 일이며를 아버지께 이야기했었는데 빨간 딱지라니….

내가 이토록 낙망하고 있는데 영문도 모르는 가족들이야 오죽하였겠는가?

천지 사방에 아무것도 보이지 않는 모래사막 한가운데 벌거벗고 선 기분이었다. 몇 날 며칠을 어떻게 보냈는지 모를 정도로 정서적으로 불안한 상태가 계속되었다. 그러나 그 혼란이 뜨겁게 달아 동쪽으로부터 떠오르는 태양 앞에서 부끄럽게 자취를 감추어 버리는 아침 안개처럼 걷히자 가슴 저 깊은 곳에서 무언가 불끈 치솟아 오르는 것이 있었다. 그건 어떤 용기나 자신감 같은 고상한 것이 아니라 남자로서의 오기였다.

'그래. 마지막으로 한 번 더 부딪쳐 보자, 죽기 아니면 살기로. 그래도 안 되면 미련 없이 산화해 버리자.'

그 길로 찾아간 곳이 서교동에 있는 '동방 아동복지원'이었다. 노스웨스트 항공사에 근무하는 동창의 소개를 받아 찾아간 그곳에서 나는 그야말로 어렵게, 어렵게 마련한 돈 30만 원을 내고 후원자로 등록을 하였다. 다름 아닌 해외로 입양되어 가는 고아를 데리고 나가는 대가로 미국행 왕복 비행기 표를 받을 수 있는 순서를 기다릴 수 있게 된 것이다.

드디어 출국 날짜가 잡혔다. 출발 이틀 전 복지원 사무실로 가 사전 교육도 받았다. 출국하는 날 출발 한 시간 반 전에 공항에서 고아들을 인계받았다. 생후 2개월, 2살, 그리고 6살짜리 3명이었다. 2개월짜리는 한 팔에 안고, 두 살짜리는 다른 손으로 잡고 여섯 살짜리는 혼자 걷게 하고… 다행히 여섯 살짜리는 아기들 기저귀, 우유가방도 들어 주며 나를 도와주었다. 비장한 각오로 전기를 마련하겠다고 떠나는 나를 격려해 주려고 공항까지 나왔던 아내는 해괴한 모습의 남편을 보곤 금세 눈시울이 붉어져 버렸다.

서울, 뉴욕 간의 근 20여 시간을 비행하는 동안 아기들 기저귀 갈아 채우랴, 우유 먹이랴, 또 보채면 안아 주랴, 나는 한잠도 잘 수가 없었다. 기내식이 끝나고 이곳저곳 불이 꺼지더니 승객 모두들 자기 시작하였다. 그렇게 부러울 수가 없었다.

'세상에, 비행기 타고 가면서 저렇게 잘 수 있으면 얼마나 좋을까?'

그렇게도 고통스러운 20여 시간이었지만 막상 뉴욕의 케네디 공항에 도착, 양부모들의 품에 아이들을 인계하려 할 때 일제히 울음을 터뜨리며 나에게 달려드는 모습에 나도 모르게 눈시울이 뜨거워졌다. 나만이 크나큰 불행을 안고 이 힘든 세상을 살아가고 있다고 생각해 왔던 내 자신이 부끄럽기 한량없었다.

'여기 내 눈앞에 이런 비극이 있는데… 그에 비하면 나의 것은 오히려 감상에 지나지 않지… 빨리 돈을 벌자, 돈을. 여기 이런 비극이 더 이상 이 땅에서 일어나지 않도록 뜻있게 쓰리라.'

그때 그 다짐을 나는 잊은 적이 없다.

고아들을 뒤로하고 나는 곧바로 나의 일로 돌아갔다. 쓰려야 쓸 돈도 없었지만 아끼고 아껴 대부분의 출장 일정을 성공적으로 마치고 마지막으로 L.A에 도착하였다. 지성이면 감천이라고 성심 성의껏 상담에 임한 결과 상당량의 주문을 받아낼 수가 있었다. 돌아가 생산 관리만 잘하면 앞으로 사업을 탄탄한 반석에 올려놓을 이익도 낼 수 있을 것 같았다. 그러나 막상 LA 공항에 내릴 때 마음이 그리 편한 것은 아니었다. 3일간의 상담 일정이었다. 숙박은 지금의 'LA 원형극장'이 있는 부근의 허름한 모텔에서 하루에 28불을 주고 해결키로 했다. 그런데 식사 문제는 해결할 길이 없었다. 점심은 바이어 사무실을 찾아가 상담하다 보면 그들이 샌드위치나 햄버거로 사무실에서 대충 때울 때 덩달아 하나 집어 먹으면 해결이 가능했으나 아침과 저녁이 문제였다. 남은 돈을 정확히 계산해 보았다. 서울로 떠나는 날 공항까지 갈 버스 요금을 제하고 나니 돈이 거의 남질 않았다. 나는 슈퍼마켓으로 가 커다란 식빵 한 줄과 버터 한 통, 그리고 큰 병에 든 오렌지 주스를 샀다. 아침과 저녁용이었다. 그러나 아침에 나오며 큰 걱정이 생겼다. 나의 유일한 식량인 방 안에 남은 음식이 상할 것만 같았기 때문이다. 냉장고도 없으니 어떻게 하나 고민하다 창문을 약간 틀어 열고 커튼과 창틀 사이의 공간에 놓기로 했다. 2월말 L.A 기후는 상당히 더운 편이었으나 사막 지대라 건조한 바람이 늘 불어 통풍만 잘 되면 상하지는 않을 것이라고 판단했다. 첫날은 그런대로 먹을 만했으나 둘째 날 셋째 날 계속 식빵만 먹고 있자니 신세가 처량

하게 느껴져 나도 모르게 눈물이 주룩주룩 흘러내렸다. 그럼에도 어김없이 아침이 되면 말쑥하게 차려 입고 환한 웃음을 지으며 바이어들을 만나러 나갔다.

마지막 날까지 식빵은 상하지 않았다.

서울로 돌아오는 비행기 안, 갈 때와는 달리 그래도 두 다리 죽 뻗고 지난 일정을 생각하니 뉴욕에 두고 온 고아들과 LA에서의 그 지긋지긋한 식빵이 머릿속에서 교차된다.

'죽기 아니면 살기로 돈을 벌자. 그리고 나보다 더 불행한 삶들을 위해 뜻있게 쓰자.'

김포공항에 내리면서 내가 다시 한번 확인한 다짐이었다.

그때의 그 다짐은 나를 다시 일으켜 세우는 데 큰 힘이 되었다.

증여세를 맞아도

1981년 9월, 결별을 선언하고 돌아선 동업자들이 서로를 고소하여 모두들 철창에 들어가고 곧 이어 회사는 도산을 하고 말았다. 온 집안에 압류 딱지가 붙어 있는 상황에서도 어떻게 해서든 다시 일어서야겠다는 일념으로 회사를 정리하기 시작하였다.

몇 해 전 창업 당시 사용하였던 처가 소유 빌딩의 2평짜리 창고에 다시 들어가기로 작정하고 세 들었던 사무실과 집기 일부를 처분하니 얼마간의 자금이 마련되었다. 자금이라 해봐야 몇백만 원으로, 외국 바이어에게 보내는 견본 비용과 통신비용 및 여직원 두 명의 월급, 그리고 월급을 못 받더라도 나와 헤어질 수 없다며 따라 나선 기사의 최소 월급을 계산하면 간신히 몇 달을 버틸 수 있는 정도였다. 오래된 기아 중고차 브리사가 있었으나 견본을 나르거나 지방의 공장에 들르거나 할 때 이외에는 거의 서 있어야 했다. 기름값 때문에.

이런 판국이니 아침에 출근하는 내 지갑이 두둑할 리 만무했다. 생활비도 한 푼 가져다주지 못하는 가장의 심정은 아마 당해 보지 않은 사람은 알 길이 없을 것이다. 다행히 아내가 대학 졸업 후 계속 다니고 있던 직장(학교법인 이화학당) 덕분에 우리 네 식구 밥 굶지 않고 있다는 것만 해도 감지덕지였다.

수중에 단돈 몇천 원 넣고 돌아다니다가 처가에 눈치 봐가며 라면 한 그릇 끓여 달라고 하여 점심을 때우곤 했지만 그것도 하루 이틀 지나다 보니 눈치가 보여 밖에 나가 분식집에서 해결하기로 했다. 버스비며, 라면값이며, 담뱃값 등은 피할 수 없는 지출이었지만 그것도 내게는 큰돈이었다. 아침에 눈을 뜨면 어제 지출한 내역을 열심히 더하기 빼기 해본다. 지갑에 돈이 남아 있을 리 없다. 그래도 집 안에만 있을 수는 없는 것 아닌가. '어떻게 되겠지.' 하고 버릇삼아 지갑을 펼쳐 보니 이게 웬일인가.

'내가 계산을 잘못 했나?' 지갑 안에 천 원짜리가 몇 장 들어 있는 것이다.

계산이야 어찌되었든 수중에 단돈 몇천 원이라도 있으니 그렇게 든든할 수 없었다. 그런데 며칠이 지난 후 '이젠 정말 돈이 다 떨어졌구나.' 싶으면 또 지갑 안에는 몇천 원이 채워져 있었다.

'이거 정말 귀신이 곡할 노릇이네….'

그러나 나는 며칠 후 그 내력을 알게 되었다. 되는 일도 없이 마음고생만 하루 종일 하다 들어오면 육체노동을 한 것보다 훨씬 더 피곤해진다. 저녁 식사를 마치고 신문을 뒤적거리다 초저녁 선 잠을 자게 되었다. 얼마인가를 자다 잠이 깰 무렵 내 몽롱한 눈에 아내의 모습이 비쳤다. 저녁 일을 다 끝내고 아이들 잠자리를 모두 챙겨 준 후 아내는 조용히 나의 지갑을 열어 보고 몇천 원의 돈을 넣고 있는 것이 아닌가? 너무나 놀랍고 고마웠지만 아는 체를 할 수가 없었다. 그냥 돌아누워 소리 없이 울었다.

이후 나의 사업이 불같이 일어나 새로이 마련한 집이며 회사 주식의 상당 부분이 아내의 이름으로 되었다. 그리고 국세청의 세무조사를 통해 증여세를 톡톡히 물게 되었다.

세무 직원들에게 설명은 안 했어도 나는 마음속으로 이렇게 외치고 있었다.

'그것은 당연히 아내의 몫이다. 수십억, 수백억의 재산이 만들어진다 해도 그때 아내가 내 지갑에 넣어 준 몇천 원이 아니었더라면 어떻게 가능했으리요.'

아내는 이렇게 늘 한쪽 어깨로 나를 받쳐 주었다.

아내 자랑, 자식 자랑은 팔불출에 해당한다고 한다. 그러나 고마움에 대한 솔직한 표현이 무어 그리 큰 잘못이겠는가. 더구나 잘된 것이 모두 자신이 잘나서 그런 것으로 알고 날뛰는 족속들이 많기도 한 이 세태에….

1982년 여름, 2년 전 출자한 자금을 한 푼도 돌려받지 못하고 은행에 압류까지 당해 처절한 몰골이 되었을 때 죽기를 각오하고 고아들을 데리고 미국으로 출장을 다녀온 덕분에 조금씩 받기 시작한 수출 주문으로 최악의 고비는 넘겼으나 어렵기는 매한가지였던 때였다.

그 당시 미국에서 받은 주문은 〈피자헛〉의 판촉 제품이었다. 그 제품은 고무자석판에 배달 주문 전화번호를 인쇄하는 것이었는데, 사방에 수소문한 결과 국내에서는 마땅히 생산되는 고무자석이 없다는 것이었다. 고민이 아닐 수 없었다. 그러나 길은 항상 뚫려 있었다.

"모 회사가 상당량을 시험 생산하여 판촉 활동을 벌이다가 여의치 않아 생산을 중단하고 재고품을 창고에 쌓아둔 게 있대. 그런데 '초보 운전'이라는 스티커가 붙어 있다는데 괜찮겠는가?"

초보 운전? 까짓 것 떼어내면 되지…. 헐값에 인수하여 잘만 활용하면 수익을 한껏 올릴 수 있다는 계산이 나왔다. 나는 당장 창고로 달려가 인수하기로 하고 그것을 모두 사무실로 옮겨 왔다. 그런데 그 '초보 운전'이라는 스티커가 막상 떼어내려니 잘 떨어지질 않는 것이었다. 그 위에 덧칠을 시도해 보았으나 색이 제대로 나오질 않았다. 최후의 방법으로 자석판을 물에 담가서 스티커가 충분히 불어난 후에 때를 밀듯이 떼어내기로 했다. 작업장도 여의치 않아 건물 옥상에 세숫대야 빨랫대야를 갖다 놓고 하루 종일 때를 밀었다. 저녁에 집에 들어갈 때쯤 되면 손바닥은 물에 통통 불어 목욕탕 세신사로 알 지경이었다.

그렇게 마련한 고무자석 위에 전화번호 스티커를 붙이고 하나씩 하나씩 비닐 백에 넣는 작업을 하였다. 그러나 수십만 개를 일일이 직원끼리, 직원이려야 나와 두 명의 여사무원, 그리고 기사 한 명 모두 4명뿐이었으니 납기일을 맞출 일이 까마득하였다. 하는 수 없이 저녁이면 일감을 상자에 가득 담아 집으로 갖고 들어갔다. 저녁 식사만 끝나면 식탁 위에 수북이 쌓인 고무자석판 앞에 달라붙어 온 식구가 마치 봉투접기를 하듯 포장을 하기 시작하였다. 무어라 말은 안 해도 상당히 어려운 시기임을 직감한 아내는 직장 생활의 피곤함도 잊은 채 같이 일손을 거들어 주었고 7살과 4살 난 남매도 아무 말 않고 고사리 손을 놀려 포장 일을 도와주었다.

어린 나이에 아버지께서 사업에 실패하시어 가난을 늘 옆에 하고 자라 오면서 어떻게 하든 그 지긋지긋한 가난으로부터 벗어나야겠다는 일념으로 공부든, 운동이든 매사에 최선을 다해 해내었던 내가 아이들을 데리고 그 일을 하고 있으려니 만감이 교차되었다.

'가난이 무슨 자랑이라고 대물림을 하려고 하나….'

아이들 눈을 똑바로 쳐다볼 수가 없었다.

한창 놀고 싶은 나이에 묵묵히 포장 일을 도와주던 그 일을 생각하곤 조금은 형편이 나아진 후에 그들이 뭘 해달라고 하면 쉽게 거절하지 못하는 애비가 되었다.

"기훈아, 윤경아, 그때 자석 싸던 일 생각나니? 아빠 얼마나 고마웠는지 모른단다."

"아빠~, 우린 재미있었어요."

어려움을 아픈 기억으로 가슴에 남기지 않은 밝은 나의 아이들,

그리고 늘 우리 가정의 버팀목으로 무거운 짐을 말없이 나누어 져 준 나의 아내를 자랑하고 싶은, 나는 팔불출이다.

최초의 돈벼락

1982년 봄, 사연 많은 미국 출장을 마치고 돌아와 바이어들로부터 의뢰받은 견본을 만들어 보내고 가격을 조정하는 등 눈코 뜰 새 없이 바쁜 나날을 보내고 있을 즈음 뉴욕에 거주하고 있던 고교 1년 후배로부터 텔렉스가 들어왔다. 성사될 확률이 그리 높지는 않지만 피차 서로 잘 아는 사이인지라 꼭 좀 도와줬으면 좋겠다는 부탁과 함께 롯데호텔에 투숙하고 있는 Mr. Fariborz Ferdowsi라는 사람을 만나 주면 고맙겠다는 내용이었다.

그가 전해 준 견본을 들고 호텔을 나서는 마음이 결코 가볍지 않았다. 그 견본이란 PVC로 만든 비치볼(Beach Ball)이었다. 이런 류의 제품은 대만제와 경쟁하기가 쉽지 않다. 대만의 플라스틱 소재 산업이 세계 최고의 수준인 데다 원자재 가격에서도 도무지 우리나라가 경쟁력이 없는 것이다.

그러나 대만 가공업체의 일손이 워낙 거칠어 완제품의 불량률이 약 50%에 이른다는 약점을 집요하게 물고 늘어져 미국 LA 도착가격으로 피스당 미화 75센트에 5만 피스의 주문을 확보할 수 있었다. 별로 이익이 남을 것 같지도 않고 잘못하면 큰 손해를 볼 가능성이 있는 주문을 한사코 밀어붙여 받아낸 것은 그것이 바로 미국 〈피자헛〉으로부터의 주문이라는 점 때문이었다.

당시 〈피자헛〉은 미국 내에 약 2,500개의 체인점을 가지고 있는 초대형 업체였다. 관계를 잘만 맺어 놓으면 큰 거래가 가능할 수도 있다는 게 나의 계산이었다.

대충대충 하려면 아예 시작도 하지 말라는 경고(?)를 받은 하청공장에서도 전혀 불가능할 줄 알았던 대미 수출이 시작되자 바짝 긴장하고 따라와 주었다. 흰 분말가루를 뒤집어쓰며 한 피스 한 피스 전량을 검사한 덕분에 우리가 수출한 5만 피스에서는 단 하나의 불량도 나오지 않았다. 미국 측으로부터 고맙다는 텔렉스를 받고 난 후 초조하게 기다리던 나에게 제비는 호박씨를 물어다 주었다. 1주일도 되지 않아 날아온 주문은 바비큐 바 앞치마 5만 피스였다. 붕붕 날아다니는 기분이었다. 카운터 샘플은 48시간도 안 되어 항공편으로 부쳐졌고 신용장은 기막히게 정확히 도착되었다. 원단 공장에 발주를 해놓고 하청 봉제 공장도 수배하였다.

그러나 원단이 도착하는 날 공장에 도착하여 갓 미싱을 빠져 나온 견본을 보고는 심장이 멎는 줄 알았다. 틀림없이 두꺼운 면으로 된 앞치마였건만 막상 눈앞에 있는 원단은 거의 모기장에 가까울 정도로 올이 빠져버린 얇은 것이었다. 즉시 작업을 중단시키고 하청 공장 사장을 불렀다. 누구의 책임을 따질 겨를이 없었다. 원단을 재발주하면 바이어와 약속한 납기를 지킬 수 없었다. 그렇다고 항공편으로 물건을 부치면 항공료만큼이나 적자이다. 만감이 교차했다. 그러나 결정은 빠르면 빠를수록 좋았다.

Ⅰ / 창업자금 칠만 이천 원

"그래, 난 결심했어."

품질과 납기를 지키기 위해 나는 그 많은 적자를 감수하기로 하였다. 비행기에 실려 간 앞치마는 다음 해 봄 스포츠백 300만 피스의 오더를 몰고 왔고 그다음 해에도 300만 피스의 오더를 받게 되었다. 모기장을 실어내지 않은 덕분에 나는 생전 처음 돈벼락을 맞아 보았다.

'돈이란 이런 거구나.'

돈이란 점심, 저녁, 어느 누구와 식사를 하게 되어도 누가 계산해야 하나 하는 걱정을 전혀 하지 않고 살아갈 수 있게 해주는, 그런 거였다.

2. 한국에선 내가 하겠소!

"한국에선 내가 <피자헛>을 하겠소!"

　미국의 <피자헛>에 판촉물과 주방용품을 공급하는 사업을 도맡아 하면서 알게 된 사실이 있다. 무역업이래야 나를 포함한 4명의 인원이 꾸려가고 있던 사업이었지만 그래도 나는 어엿한 무역 회사의 사장이라는 자부심을 잃지 않았었다. 그러나 결코 적은 물량이라고 볼 수 없는 물건을 공급하는 회사의 사장인 나는, 언제나 <피자헛> 본사의 말단 담당자만을 만나서 몇 마디 상담을 나눌 수 있던 것이 고작이었다. 그러다가 미국 본사 방문 중에 목격하게 된 가맹점 주인에 대한 그들의 칙사 대접은 내겐 가히 충격적이었다. 가맹점이 지불하는 로열티가 본사에서 발휘하는 위력은 대단해 보였다.
　'가맹점을 직접 하면 최소한 홀대받지는 않겠구나.'
　이것이 내가 <피자헛> 가맹점 하나를 직접 운영해 보겠다는 생각을 갖게 된 소박하고 단순한 이유였다. 수천 개의 가맹점을 가지고 있는 프랜차이즈 사업체와 확실한 관계를 맺어 놓으면 수출하는 데 유리한 입장을 계속 지킬 수 있을 것이라는 순진한 생각도 함께.
　막상 가맹점을 신청하려고 알아보니 놀랍게도 우리나라의 10대 재벌급에 속하는 그룹 중에서 2개 그룹과 30대 재벌 중 1개 그룹이 이미 한국에서 〈피자헛〉 가맹점을 하겠다고 신청해 놓고 있다는 게 아닌가? 정보를 알려 주던 회사의 간부는 '이런 실정인데 성 사장 당신이 하겠다니 성사가 되겠느냐?'는 표정이었다. 그래도 일단 신청이라도 해보겠다는 생각을 굳히고 나름대로 고심하여 사업계획서를 만들어 제출하고 기다려 봤다.

상황이 이렇게 되어 있는데 미국 본사로부터 "당신이 가맹점 하기를 원한다면 당신에게도 다른 신청자와 똑같은 기회를 주겠다."는 연락이 왔다. 후일담에 의하면 당시 '펩시코' 사장이 "그 친구, 젊은 사람이 신통하다."고 했다던가…. 당시 내 나이는 지금 되돌아봐도 활기 넘치는 서른다섯 살이었다.

1984년 12월 14일, '펩시코' 사장과 단독 면담이 약속된 날이다.

나는 김포공항을 떠나면서 배웅 나온 동생에게 당부했다.

"이제(利濟)야, 만약에 이번 상담이 성사되지 않더라도 우린 피자집을 하는 거야. 알았지? 당장에라도 내걸 수 있는 우리말로 된 피자집 간판을 구상해 봐!"

사실 나는 〈피자헛〉에 가맹점 신청을 낸 1984년 10월부터 이미 이태원에 피자가게를 내기 위한 장소를 물색해 놓고 그동안 익혀 두었던 미국 〈피자헛〉의 감각을 최대한 살린 내부 공사를 진행시키고 있었다. 일이 이쯤까지 되고 보니 반드시 가맹점을 따내야겠다는 각오가 솟구치기도 하면서 한편으로는 어떠한 형태가 되든 이제 피자 사업은 내가 뛰어들 새로운 영역이라고 생각을 정리하게 된 것이다.

드디어 뉴저지의 '펩시코' 본사에서 사장과 단독 면담 시간.

나는 '반드시 내가 한국에서 〈피자헛〉을 하겠다.'는 의지를 확실하게 밝히면서 내가 하면 그들에게도 득이 되는 이유에 대해서 차근차근 설명하게 시작했다.

"나는 3년 동안이나 당신의 회사에서 필요로 하는 물품을 공급하면서 이미 당신 회사와 거래를 트고 있는 사람입니다. 한국 내의 어느 누구보다도 내가 당신 회사에 대해서 잘 알고 있고 실무자들과의 의사소통도 용이합니다."

"무엇보다도 나는 젊지 않습니까? 나는 내가 직접 팔을 걷어붙이고 일할 것입니다. 〈맥도날드〉가 성공할 수 있었던 것도 가맹점 오너들이 직접 뛰었기 때문에 가능했다고 하는데, 만일 〈피자헛〉 가맹점을 한국의 대기업에게 허가해 준다면 그들은 직접 뛰지는 못할 것입니다. 한국은 아직 식당에 대한 사회적 인식이 낮기 때문에 대기업주들이 직접 몸으로 부딪쳐 일하려고 하지는 않을 것이기 때문입니다."

"나는 내가 직접 할 수 있습니다. 〈피자헛〉 가맹점을 할 수 없다면 나 혼자라도 피자 사업을 할 것입니다."

대략 이런 취지의 논리를 펴면서 열심히 설득 작전을 펼쳤는데, 사장은 그 자리에서 나에게 〈피자헛〉 가맹점 한국 지역 독점권을 OK 했다.

이제 계약 단계에 접어들었다.

그들의 말에 의하면 막대한 지역 독점료 이외에도 지역의 가맹점 점포가 1개씩 늘어날 때마다 '점포개설료'라는 걸 물어야 한다는 것이 아닌가? 그것도 보통 액수가 아니었다. 그럴 수는 없었다. 당시만 해도 우리나라는 아직 외국의 프랜차이즈형 음식점이 많이 상륙하지 않은 때라서 어떠한 전례도 없었기에 내게는 오히려 다행이었다. 우선 국내법 핑계를 대었다.

"우리나라는 '점포개설료'라는 개념조차 없기 때문에 만약 그런 것까지 물어야 한다면 영업 허가가 나지 않을 것이다. 당신네 변호사를 통해서 알아봐도 좋다."

이쯤 해놓고, 나는 급히 보건복지부에 있는 친구에게 협조를 구했다. 담당 부서가 어디인지를 알아 놓고 만일 미국 본사에서 이러이러한 내용의 문의가 오면 우리나라에서는 그렇다는 확인만 해달라는 부탁을 해놓았다. 아니나 다를까 미국 본사는 얼마 후 자기네 변호사를 통하여 보건복지부에 문의해 왔는데, 이미 작전을 세운 우리는 손발이 잘 맞았다. 그리하여 지역 독점료만 지불하고 시작된 〈피자헛〉은 한국에서의 새로운 외식 문화를 펼쳐나가기 시작했다.

관계를 잘 맺어 놓고 무역하는 데 도움이나 되도록 하자던 최초의 의도도 순조롭게 실행되어 세계에 흩어져 있는 〈피자헛〉에 물품을 공급하는 일도 그 후로부터 1992년까지 계속되었다.

뜻밖의 산아제한(?)

이태원의 〈피자헛〉 1호점 공사가 한창일 때였다. 1984년 초겨울, 매일 아침 간부들과 직원 교육 일정을 검토하고, 현장에서의 공사 감독 및 식자재 개발 문제 등으로 이루 말할 수 없이 바쁜 나날을 보내고 있었다.

늦은 저녁 파김치가 다 되어 집으로 돌아와 보니 웬 종이쪽지 한 장이 배달되어 있었다. 다름 아닌 예비군 소집 통지서였다. 그것도 일주일간의 동원 예비군 훈련이었다. 사병으로 군복무를 하였더라면 벌써 민방위로 편성될 나이였으나 장교로 복무하였던 관계로 예비군 훈련은 만 43세까지 받도록 되어 있었다.

대한민국의 국민으로서 누구나 다 해야 하는 국방의 의무를 누가 마다하겠는가? 다만 때가 때이니만큼 문제가 심각하였다. 천신만고 끝에 있는 돈 없는 돈 끌어모아 피자 사업이랍시고 시작하려는 이 중요한 마당에 내가 일주일이나 현장에서 빠져야 한다는 것은 상상할 수도 없었다. 하는 수 없이 예비군 중대장을 찾아가 하소연도 해보았으나 때마침 특별 감사 중이라 편의를 봐줄 수는 없다는 것이었다.

"유일한 방법이 하나 있긴 있는데…."

귀가 번쩍 뜨였다.

"뭔데요?"

"내일 아침 교육 시작 전에 가족계획협회에서 불임 수술 홍보를 할 겁니다. 불임 수술을 받으면 일주일 훈련을 모두 면제시켜 줄 수 있어요. 어때요?"

"뭐라고? 나보고 씨 없는 수박이 되라고? 여보시오, 죽으면 죽었지, 그 짓은 못하겠소."

어김없이 시간은 다가와 다음 날 아침 노고산 예비군 훈련장에 도착하여 보니 아니나 다를까 가족계획협회에서 나온 버스가 대기하고 있는 것이었다.

'절대로 그럴 순 없어.' 나는 재차 다짐하고 신경 쓰지 않기로 했다.

8시 교육 시작과 함께 가족계획 홍보가 시작되었다.

"시술 희망자는 지금 즉시 손들고 열외 하시오!"

눈 꼭 감고 못 들은 척 진땀을 흘리고 있던 나는, 그러나 버스가 막 떠나려는 순간 나도 모르게 뛰쳐나가 버스에 오르고 말았다. 이어 영등포 보건소에 실려 간 지 두 시간 후, 나는 이상한 딱지 한 장을 받아 들고 이태원 공사 현장에 나타날 수 있었다.

몸과 마음을 다 던져 버릴 만큼, 그렇게 그 사업은 내게 중요한 것이었다.

이태원의 바람잡이

공사를 시작한 지 4개월 만인 1985년 2월, 공사에 들어갔던 이태원 1호점이 어느 정도 윤곽을 드러내고 자리를 잡아가고 있었다.

그때부터 찾아 든 고민은 '문을 열었는데 만약 손님이 없으면 어떻게 하나?' 하는 것이었다. 난감한 일이다. 남들처럼 TV광고나 신문 광고를 할 엄두도 나질 않는다. 워낙 비싸니까. 궁여지책으로 당시 한국에 나와 있던 친구이자 파트너인 Mr. Ferdowsi와 함께 몸으로 부딪히기로 하였다. 먼저 성냥을 제작하였다. 〈피자헛〉 특유의 체크무늬로 된 예쁜 성냥이었다.

당시 이태원 언덕 아래쪽으로는 〈KFC〉와 〈웬디스〉가 점포를 열고 성업 중이었다. 또한 그때만 해도 이태원 고객의 상당수는 외국인이었다. 성냥을 주머니에 넣고 〈KFC〉에 고객을 가장하여 들어가 콜라 한 잔씩을 시켜 외국인이 가장 많이 자리 잡은 좌석에 찾아가 옆자리에 앉았다. 그리고는 그들이 충분히 들을 수 있게 영어로 떠들어 댔다.

"〈피자헛〉도 곧 문을 연다면서?"

"어딘데?"

"저 언덕 넘어 왼쪽이래."

"피자가 상당히 맛있다면서?"

"미국 맛하고 똑같이 낼 거라던데."

나는 야바위꾼이고 그는 바람잡이가 된 것이다.

그러면 호기심 많은 외국인들이 꼭 몇 마디씩 물어 온다. 위치가 어디며 언제쯤 열 것 같다고 대답해 주었다. 성과가 있다고 생각되면 자리를 뜬다. 빈자리엔 성냥을 몇 개씩 놓아둔 채…. 나중엔 직원을 교대로 풀어 떠들고 다녔다.

2월 22일 첫 문을 열자마자 꽉꽉 들어 찬 고객들로 터질 것 같은 매장을 돌아보는 내 얼굴에선 함박웃음이 터져 나왔다. 무언가를 터뜨렸다는 쾌감이 좋은 예감으로 이어졌다. "잘될 거야!"

들뜨고 기대에 가득 찬 이태원점이 팡파르를 울리며 요란하게 문을 열었다. 바야흐로 한국에서의 '피자 시대'를 연 것이다.

영업을 하다 보면 매출이 좋은 날도 있고 좋지 않은 날도 있게 마련이다. 그러나 경험도 별로 없던 초기에는 단 몇 시간만 매출이 저조하여도 초조해지곤 하였다. 심하게 이야기하면 피가 마른다고나 할까?

지금 한창 왕성한 활동을 하고 있는 중견 탤런트 K양이 그 당시 이태원점을 자주 찾아 주었다. 당시 K양은 상당히 믿음직해 보이는 청년과 데이트 중이었고 이름도 성도 모르는 그 청년은 우리에게 대단한 환영을 받고 있었다.

늦은 저녁 시간 방송을 끝내고 두 사람이 들르는 시간이면, 우리는 조금은 저조했던 그때까지의 매출에 별로 신경을 쓰지 않아도 좋았다. 그 청년은 꼭 제일 큰 사이즈의 피자와 가장 비쌌던 마주앙(Majuang, 와인)을 병째로 시키곤 했으니까. 아름다운 미녀도 감상하면서 매출도 올리고….

그러던 어느 날부터인가 두 사람이 보이지 않기 시작하였다. 직원들은 그 청년을 그리워하며 K양을 나무랐다.

"그 남자 괜찮아 보이더구만…."

장군의 아들

이태원점은 한창 뜨는 지역이라 그런지 날이면 날마다 이 골목 저 골목에서 패싸움이 그칠 날이 없었다. 해만 지면 이태원 입구 쪽인 해밀턴 호텔에서부터 끝 쪽인 씨티은행까지는 완전히 무법천지로 돌변한다. 오직 힘 있는 자만이 활개 치는 세상이 되는 것이다. 지금은 상당히 정화된 것으로 알고 있으나 그 당시만 해도 이 지역을 등

분하여 지배하고 있던 몇몇 조직이 있었다. 그중의 일부는 그 후 '서진 룸살롱 사건'으로 일약 유명해지기도 하였다.

1985년 3월 첫 점포의 문을 연 지 며칠 만에 속칭 '장군의 아들'들인 이들과 대면하게 되었다. 나는 1974년부터 2년간 호남정유 비서실에 근무하며 엉뚱하게 팔자에도 없이 '장군의 아들'이 아닌 바로 '장군'에 해당하는 몇몇 인사와 접하게 되었고 그들과 상당 기간 미운 정 고운 정 쌓아 가며 지낸 적이 있었다. 한사코 임원실로 돌진해 들어가려는 그들을 몸으로라도 저지해야 하는 것이 내 임무였다.

'장군하고도 잘 지냈는데 장군의 아들쯤이야…'

그들의 첫 요구는 짐작하고도 남을 '영업부장'이 필요하지 않겠느냐는 것이었다. 우리 점포는 밤 11시면 문을 닫을 뿐만 아니라 술을 파는 업소도 아니기 때문에 심야 영업에 필수라 할 '영업부장'은 필요가 없음을 설명해 주었다. 애초에 설명 가지고는 충분치 않으리라는 것도 알고는 있었지만 상대방과의 대화 시간이 한곳에서 길어지면 길어질수록 불리해짐을 익히 알고 있던 터라 적당히 첫날은 끝내고 다음 날 만나기로 하는 작전을 썼다.

비서실 2년간 몸으로 익힌 지연 전술을 펴나간 것이다. 약 일주일간 만남과 헤어짐을 기계적, 반복적으로 계속하는 동안 서로를 알게 되고 약간은 친하게 되었다. 덕분에 나의 점포는 '영업부장' 없이 수년간 이태원 지역에서 영업을 할 수 있었다.

그러던 어느 날 반갑지 않은 철새가 날아들었다. 이름도, 번지도, 아니 군번도 없는 이 '무명용사'는 그야말로 혈혈단신, 맨몸으로 쳐

들어왔다. 매일 저녁 점포에 손님이 많아지면 어김없이 찾아와 소란을 피우고 노골적으로 우리의 신경을 자극하며 폭행을 유도했다. 처음에는 그런대로 피자가 맛이 없다는 둥 또는 값이 비싸다는 둥 고성으로 소란을 피우더니 급기야는 매장에 들어와 취한 척하고 옆 테이블의 고객에게 시비를 걸기 시작했다. 참다못해 내가 직접 내려가 이 불보따리 나르듯이 반짝 안아서 매장 밖으로 내보낸 적도 있었다. 다 큰 남자를 껴안자니 동성연애자도 아닌 마당에 엄청난 고통이었다. 나는 전 직원에게 그 무명용사에겐 손끝 하나라도 대어서는 안 된다고 주의를 주어 놓았지만 점점 영업에 미치는 영향이 커지기 시작하자 결단을 내릴 수밖에 없었다.

은밀히 '장군의 아들'을 만나 적당히 손보아 줄 것을 부탁했던 것이다. 당시 용산경찰서의 정보과 형사가 이태원 일대를 담당하여 정기적으로 업소를 방문하고 애로사항을 듣는 등 예방 치안 활동을 하고 있었으나 워낙 방대한 지역을 혼자서 담당하다 보니 업소에선 한 달에 한 번 정도 얼굴을 볼까 말까 한 실정이었다. 따라서 할 수 없이 '장군의 아들'이란 응급 처방을 내리게 되었다.

영화에서 보던 고양이를 껴안고 의자를 돌려 앉아 지시를 내리면 분위기라도 멋있을 텐데 실상은 그렇지 못했다. 이태원점 1층 매장에서 주방으로 통하는 비상계단에 쭈그리고 앉아 '장군의 아들'과 대책을 논의했다. 나는 업소에 출입하여 행패를 부리는 것이 보람 있는 생계유지 방법이 아님을 온몸으로 느낄 수 있도록 조치해 줄 것을 당부하였다.

그날 이후 이태원 일대에서 그 무명용사를 보았다는 사람도 또한 그 무명용사에 의해 업소에서 피해를 보았다는 사람도 없었다. 그렇다고 그 무명용사가 국립 묘지에 안장되었다는 것은 더더욱 아니다. 아마 지금쯤 구로동이나 구리시의 신흥 유흥가의 어느 구석에서 열심히 자기 삶을 개척해 가고 있지 않을까 한다. 소리소리 질러가면서, 흐느적흐느적하면서 말이다.

그때의 그 '장군의 아들'은 그 세계를 떠나 지금은 건설 회사의 중견 간부로 열심히 새 삶을 개척해 가고 있다고 들었다.

2011년 암 치료차 들렀던 삼성병원 로비에서 만났다. 둘이서 한동안 눈물을 글썽이다 굳은 악수를 하고 헤어졌다.

추적 60분

잊을 수 없는 TV 프로가 있다. 얼마 전부터 놀랍게도 다시 되살아난, KBS에서 방송하던 '추적 60분'이다.

1985년 3월 어느 날 나는 이태원 점포의 주방에서 앞치마를 두르고 열심히 피자를 자르고 있었다. 그때 한 종업원이 "저쪽 구석 테이블에 계신 손님이 사장님 좀 오시라는데요." 한다.

손을 씻고 나오며 '아마 십중팔구는 친구이거나 아니면 피자집에 관심이 많은 고객이겠지.' 생각하였다. 테이블에 가보니 말쑥하게 차려 입은 젊은이와 분위기 있어 보이는 여자가 나를 기다리고 있었다.

"제가 이 집 주인입니다."

나의 소개가 채 끝나기도 전에 "KBS의 추적 60분입니다." 하는 것이 아닌가?

'드디어 올 것이 왔구나.'

머리끝부터 발끝까지 긴장이 되었다.

'호랑이 굴에 잡혀 가도 정신만 차리면….'

나는 마음을 다그쳐 잡았다.

그들은 외식 산업이 과연 이래도 되는 것인지에 관해 토론을 제의해 왔다. 수천 년에 걸친 음식 문화를 자랑해야 할 우리가 막대한 로열티를 지급해가면서까지 서구의 음식을 팔아야만 하는 것인가? 우리의 자라나는 세대들의 입맛을 오도하고 있는 것은 아닌가? 스스로 연구하고 개발하여 우리 것을 지킬 생각은 하지 않고 외제 좋아하는 국민의 허영심을 부추겨 돈벌이에만 급급해하고 있는 것은 아닌가?

질문 하나하나에 날카로운 가시가 무수히 박혀 있음을 느낄 수 있었다.

같이 동행한 여인은 르포 전문 작가였다. 밤 11시 영업시간이 넘을 때까지 우리의 토론은 그치질 않았다. 자정이 가까워 오자 그 PD는 "방송국에 들어가야 하니, 이만 끝내자."고 하며 앞으로 이삼일 내에 언제라도 불시에 찾아와 카메라 촬영을 해도 좋겠느냐고 물어 왔다. 안 된다고 할 수도 없었다. 좋다고 대답은 하였지만 거북하기는 이루 말할 수 없었다.

바로 그 다음 날 아침 10시, 아래층으로부터 여직원의 다급한 인터폰이 걸려 왔다.

"사장님, 카메라예요, 카메라!"

계단을 걸어 내려갔는지 고공 낙하해 내려갔는지 모를 정도로 황급히 1층에 들어서 보니 어젯밤의 그 PD는 이미 주방 안에 들어서서 기계 기물을 가리키며 열심히 무언가를 설명하고 있었다. 밝은 조명을 받아 가며 카메라는 돌아가고 있었다.

주방을 한 번 휘저어 놓고는 이제는 2층으로 올라가는 것이 아닌가? 2층에서 샐러드 바를 정리하고 있던 미국에서 파견 나온 돈 설리반, 그는 또 얼마나 놀랐는지? 나야 촬영팀이나 PD의 말을 알아듣기나 하지만 한국말을 전혀 이해하지 못하는 설리반은 연신 나와 PD의 눈만을 번갈아 가며 쳐다본다.

"아! 사장님 인터뷰는 여기서 합시다."

갑자기 샐러드 바를 촬영하던 PD가 마이크를 들이댄다. 나는 그래도 사무실 소파에 점잖게 앉아서 할 줄 알았는데, 이렇게 2층 한쪽 구석에 엉거주춤 서서 출생 이후 최초의 TV 인터뷰를 하다니… 무척 당황했다. 학교 시절의 연극반 활동이나, 장교 시절의 교관 생활 등 경험을 믿고 절대로 나는 떨지 않으리라 생각하였으나 막상 강렬한 조명을 비추고 TV 카메라가 돌아가기 시작하니 내가 무슨 이야기를 하고 있는지 나 자신도 모르게 되고 말았다.

한참을 횡설수설하다가 "고맙습니다." 하는 PD 소리에 긴 잠에서 깨어난 듯 제정신이 돌아왔다. 방영은 그로부터 일주일이 지난 일요일 저녁 8시부터 9시까지였다. 주위에선 난리가 났다. KBS에 아는 인맥을 통해 편집 전에 손을 써 보라는 것이다.

"청탁으로 내용이 바뀔 프로그램이라면 손 쓸 가치도 없는 거야."

의연하게 이렇게 대답은 하였으나 막상 방영 시간이 다가오자 도저히 TV 앞에 앉아 있을 용기가 나질 않았다. KBS에 있는 선배들을 통해 손을 써 보지 않은 것도 후회되기 시작하였다.

지금은 고인이 된 나의 동생과 몇몇 직원들은 뒷골목 식당에 가서 TV를 지켜보고 나는 주방에서 정상적으로 일을 하고 나중에 VTR을 통해 보기로 하였다. 왜 그렇게 시간이 더디 가는지 1시간이 무려 몇 년은 된 것 같았다. 8시 50분이 조금 넘어 가게로 들어서는 동생이 환하게 웃으며 손가락으로 'V'를 그려 보이는 것이 아닌가?

저녁 마감을 마치고 집으로 돌아온 나는 동생이 전해 준 녹화테이프를 돌렸다.

유니폼을 입고 일렬로 서 있는 우리 직원들의 모습, 근무 시간 직전에 반드시 받도록 되어 있는 복장 검사로 우리 매장의 장면이 시작되었다. 유니폼 착용상태는 물론 양말의 색상에서부터 손톱의 상태, 구두 모양과 색상까지 일일이 체크하고, 지적당한 직원은 가차 없이 퇴장하였다가 다시 갖추어 입어야 근무에 임할 수 있는 보통 일과 중 하나였다. 프로그램 담당자는 우리나라 식당에서는 좀처럼 보기 어려운 모습이라고 여겼는지 "이러한 점은 일단 본받아야겠다."며 카메라를 이끌고 2층으로 올라갔다. 때마침 돈 설리반이 2층 샐러드 바에서 품질 점검을 위해 분주하게 움직이고 있었다. 야채와 샐러드 드레싱의 신선도와 온도를 확인하다 깜짝 놀라는 그가 비치면서 이번에도 "음식에 들이는 정성과 성의가 우리나라도 이 정도는 되어야 하지 않겠는가." 하는 멘트가 이어졌다.

다시 장면은 저녁 식사 시간대의 매장. 군데군데 외국인들이 가족 단위로 모여 앉아 편안하게 식사를 즐기는 모습이 비쳤다. 진행자는 "이렇게 외국인들도 편안한 마음으로 부담 없이 즐길 수 있는 수준이 되어야 하지 않겠는가."는 코멘트를 남기고 다른 브랜드의 매장으로 발걸음을 돌렸다.

나는 그날 밤 비디오 테이프를 돌려보고 또 보며 새벽을 맞았다.

TV의 위력이란 이런 것인가? 다음 날 아침부터 밀어닥친 고객으로 이태원 점포는 개점한 지 한 달도 되지 않아 정상 궤도에 돌입했다. 수십억 원의 TV 광고를 한 것보다 더한 효과가 있었던 것이다. 그때 만약 TV에서의 평가가 그 반대였다면 어떻게 되었을까를 생각하면, 지금도 등에서 식은땀이 흐른다.

그 젊은 PD가 그 후 SBS의 북경 특파원으로 활약했던 안상윤 PD다. 그 후 가끔씩 "북경에서 안상윤입니다." 하며 그의 얼굴이 화면에 비치면 '안 형, 고맙소, 언제 서울 오면 대포 한잔합시다.' 하고 마음속으로 중얼거렸다.

최초의 빨간 지붕

1986년에 세워진 〈피자헛〉 청담점은 아시아 지역에선 처음으로 시도된 미국식의 독립 건물 양식(Free Standing)이었다. 기대도 컸고 실망도 컸던 이 점포에는 얽힌 사연도 많다.

그해 이른 봄, 공사가 시작될 때 '고사'라는 것을 해야 한다기에 돼지머리 모셔다 놓고 막걸리 뿌려 가며 고사도 지냈다. 나는 평소에 고사라는 것을 별로 좋게 여기지 않고 있었지만 그래도 다치는 사람 없이 순조롭게 공사를 끝내게 해달라고 정성껏 빌었다.

중앙 공급실을 지하에 설치하기로 하고 지하 4층 정도의 깊이를 파들어 갔다. 뒤쪽의 이웃집에 피해가 생기지 않도록 철근 파일을 철저히 박아 가며 공사를 진행하였다.

"기초며 벽면이 어느 정도 굳어졌으니 이제 철근 파일을 뽑아도 되겠습니다."

어느 날 철근을 뽑겠다는 시공업자의 말이었다. 그러나 내 생각에는 좀 더 시간이 지나는 것이 좋을 듯했다.

"파일 며칠 일찍 뽑는다고 수천만 원 경비가 절감되는 것도 아닌데 매사 불여튼튼이라고 좀 더 기다립시다."

그러나 그날 늦은 오후부터 그들은 파일을 뽑아내고야 말았다.

그날 저녁 엄청난 폭우가 내렸다. 철근 파일이 그대로 있는 줄만 알았던 나는 아무런 문제가 없겠지 하고 단잠을 잘 수 있었다.

다음 날 아침, 현장에 폭우 피해가 없는지 궁금하여 전화를 아무리 돌려도 전화를 받는 사람이 없었다. 예감이 불길했다. 즉시 현장으로 달려가 보았다. 현장 사무소의 모든 직원이 공사장 뒤편 이웃집 벽 앞에 둘러서서 수군거리고 서 있었다. 이게 웬일인가. 뒤 측 벽면은 여지없이 무너져 내렸고 이웃집 담에 금이 가고 벽면에도 큰 금이 가고 있었다. 그 집에 사는 분들도 무척이나 놀랐을 것이 뻔했다. 급히 안전 진단을 실시한 결과 다행히 안전에는 전혀 문제가 없는 것으로 드러났다. 완벽한 보수와 함께 정신적 피해에 대한 상당한 보상을 약속하였으나 상대방의 반응은 완전 의외였다.

"이제 정도 떨어지고 겁이 나서 살 수 없으니 아예 이 집을 사시오."

인내를 가지고 협상에 임했으나 그 집 주인은 막무가내였다. 어쩌겠는가. 마지막으로 무리를 해서라도 집을 사서 직원용 숙소로 쓸 작정을 하고 가격을 흥정해 보았다. 그러나 그들은 당시 시가보다 훨씬 비싼 가격을 제시하는 것이었다. 나는 두 손을 들고 말았다. 협상이 안 되니 재판에 의하는 수밖에 없었다. 법정 투쟁을 해가면서 함께 공사를 진행하였다. 드디어 7월 중순 공사가 끝났다. 그런데 구청에 준공 검사를 받으러 가니 해줄 수 없다는 것이다. 이웃집과의 민원이 해결이 안 되었기 때문이란다.

"그 민원은 지금 법원에 재판이 계류 중이며 민원과 준공 검사는 아무 관계가 없는 별개의 문제입니다."

항의를 하고 난 후 겨우 준공 검사를 받을 수 있었다. 그런데 준공 검사를 받은 후 영업 허가를 신청하였더니 똑같은 이유로 해줄 수 없다는 것이다. 두 사안이 별개임을 제아무리 설명하여도 막무가내였다. 이유는 간단하다. 자기들의 입장이 곤란해진다는 것이다. 건물은 다 지어 놓고 문을 열지 못하고 있으니 안타깝기 그지없었다. 막 서늘해지려는 8월 하순 어느 날 저녁, 동생과 주차장 바닥에 앉아 덩그러니 들어앉은 청담점을 바라보고 있노라니 한숨이 절로 났다.

"형, 아무래도 너무 크게 지은 것 같지 않아?"

"나도 그렇게 생각할 때가 있어."
"저렇게 큰데 문 열었다가 텅텅 비면 어떻게 하지?"
음식점 하는 사람들은 허구한 날 똑같은 걱정이다.
"뭐, 망하기밖에 더 하겠니. 하지만 저 큰 가게에 손님이 꽉꽉 찬다고 생각해 봐라. 생각만 해도 신나지 않겠니?"
"형, 그러면 우리도 돈 좀 벌 수 있을 텐데."
"말하면 뭣 하냐! 꽉꽉 채우는 것도 좋은데, 우선 가게 문 좀 열었으면 원이 없겠다."
그리고 며칠 후, 법원의 판결이 떨어져 우리는 공탁금을 걸고 그 사본을 가지고 구청 위생과로 달려갔다.
청담점은 이후 5년간 〈피자헛〉 성장의 견인차 역할을 톡톡히 했다.
그때 주차장 바닥에 주저앉아 이야기를 나누던 동생이 교통사고를 당해 명을 달리했을 때, 하염없이 내리는 봄비를 맞으며 나는 동생의 마지막 길 떠나는 노제(路祭)를 바로 그 청담점 주차장에서 행했다.
그날따라 웬 비가 그렇게 오던지….
가지 많은 나무 바람 잘 날 없다고 그 후 점포가 하나둘씩 늘어감에 따라 나의 걱정거리도 늘어가기 시작했다.
가정이란 누구에게나 하루의 피로를 풀어 주는 휴식처이자 내일의 활력을 준비하는 터전이기도 하다. 가정은 식구들의 화기애애한 대화 소리, 텔레비전 소리 또는 부엌에서 설거지하는 소리 또 가끔씩 들려오는 전화벨 소리, 이런 것들이 적당히 섞여 아늑한 공간이 된다.
그러나 반가운 임 소식이라 즐거워하는 전화벨 소리가 나에겐 언제부터인가 공포스럽게 느껴지기 시작하였다. 점포 수가 늘어나고 직원 수가 늘어나면 날수록 전화벨 공포는 더욱더 나의 가슴을 짓눌러와 드디어는 만성적인 불면증으로까지 이어져 갔다. 무슨 전화가 그리 무섭냐고 의아해할지 모른다.

"XX점포에서 화재가 발생했습니다."

"XX점 직원이 배달차를 몰고 가다 인사 사고를 냈습니다."

"XX점의 마감 담당자가 현금 가방을 날치기 당했습니다."

온통 이런 전화뿐이니 어떻게 전화벨 소리가 공포스럽지 않겠는가?

더욱이 저녁 늦게 집으로 오는 전화의 내용이란 너무나 뻔한 것이다. 그렇다고 코드를 뽑아 놓고 지낼 수도 없지 않은가? 내가 아는 어떤 제조업체의 사장은 사람이 죽었거나 공장에 불이 났다든가 하는 극히 비상사태가 아니면 집으로 전화를 못하도록 엄명을 내렸다고 한다. 한밤중에 전화한다고 사장이 사태를 해결할 수도 없는데 공연히 잠만 설칠 이유가 없다는 것이다. 충분히 일리가 있기는 하나 종업원들의 신상 문제나 매장에서 일어나는 모든 문제에 대한 사장의 관심 정도에 따라 직원의 근무 태도가 달라짐을 생각할 때 꼭 좋은 방법이라고 할 수는 없겠다.

그 후 내가 경영에서 손을 떼자 제일 먼저 느껴지는 변화가 바로 전화벨이었다. 전화 오는 횟수가 현저히 줄어들기도 하였지만 전화벨이 나에게 주던 심리적 압박감도 없어진 것이다. 자연 잠도 깊이 자게 되었고, 주위에서 얼굴도 많이 좋아졌다고들 한다.

그러나 이런 생각도 해본다.

'사업은 개척자의 정신이 없이는 불가능하다. 심리적 압박감, 그것에 대한 각오 없이 어찌 사업을 한다고 말할 수 있으랴. 그 순간순간을 기쁨으로 접하는 것이 사업하는 사람의 개척자적 정신이다.'라고.

여기다 팔 수 있다면

1987년 6월. 박종철 군 치사 사건은 곧 있을 대선과 맞물려 온 나라를 들끓게 만들었다. 대학 시절의 전공이었던 정치학을 가슴 깊은 곳에 고이 묻어 두고 그날그날의 생업에 열중하던 나는 '더 이상은 참지 못하겠다.'고 선언(?)을 하고 학생들의 시위가 한창이던 어느 날 저녁, 기사에게 묘한 지시를 내렸다.

"지금 즉시 운동용품 파는 가게에 가서 수영 고글을 사 오시오."

무척이나 궁금해하는 기사에게 남산의 힐튼 호텔로 차를 몰도록 했다. 남대문 쪽에서 최루탄 가스가 바람을 타고 날아들어 힐튼 호텔의 도어맨들도 비닐을 쓴 채 근무하고 있었다. 나는 재빨리 수영 고글을 착용하고 기사에게 주차장에서 대기하라고 한 후 남대문 쪽으로 뛰어 내려갔다. 무어라 외쳤는지 지금은 기억도 나지 않지만 진압 경찰이 나타나면 골목길에 숨고, 그들이 사라지면 다시 대로변에 나와 소리쳐대고….

몸과 마음이 함께 젊어진 기분이었다.

며칠 후 시청 앞에서 고 박종철 군 영결식을 한다고 하여 또 나가 보았다. 한사코 말리는 직원들을 뒤로한 채. 시청 앞에 이르자 그 많은 인파를 보고 놀라지 않을 수 없었다. 옆에 서 있던 외국인 관광객이 몇 마디 물어 왔다. 대충 설명을 해주던 나는 좀 더 높은 곳에서 볼 수 있는데 따라오겠냐고 물었더니 OK란다. 그들을 데리고 처가에서 소유한 5층짜리 빌딩으로 올라갔다. 그야말로 시청 앞 광경을 내려다보기엔 로열석이다.

한참을 구경하고 있는데 이 관광객이 무슨 생각을 그렇게 골똘히 하고 있느냐고 물었다.

내가 무슨 생각을 했느냐고?

"난 피자 파는 사람인데, 저 많은 사람들에게 우리 피자를 한 판씩 팔 수 있으면 얼마나 좋을까 생각했지."

자나 깨나 피자 생각이었다.

아슬아슬 쌓는 기술

1980년 초반부터 일기 시작한 건강식에 대한 관심은 우리 점포에서 시작한 샐러드 바에 고객들의 인기를 집중시켜 주었다.

10여 가지 이상의 각종 신선한 야채를 마음껏 먹을 수 있도록 한 샐러드 바는 막 시작된 뷔페식에 대한 호기심도 같이 충족시킬 수 있는 개념이었다. 그러나 이 샐러드 바를 유지하기 위한 업소 측의 희생은 실로 막대한 것이었다. 초기에는 주방기기 제조기술이 미숙하여 자체 냉장식이 되지 못하고 하루에도 서너 차례씩 직원들이 일일이 얼음을 채워 넣어야 했다. 얼음값도 얼음값이지만 얼음 채우는

데 걸리는 시간도 만만치 않았다. 고객들이 보는 데서 작업하는 직원은 장갑을 낄 수 없게 하였고, 그러자니 손이 시려 직원에게는 큰 고통이었다. 게다가 야채 시장에서의 가격 등락폭이 워낙 심하여 높을 때는 원가 구성비가 60%를 넘어서는 경우가 많았으며 낮아져 봐야 50%선이었다. 일반적으로 음식점에서의 원가 구성비는 30%를 넘어서는 안 되는 것이다. 그러니 50%를 넘는 샐러드 바는 팔면 팔수록 적자라는 계산이다.

그럼에도 불구하고 계속 샐러드 바를 유지한 것은 워낙 건강식에 대한 고객의 관심이 높았고 우리 업소에선 주문을 받은 후 최소 10분에서 15분은 걸려야 음식이 서브될 수 있기 때문에 그사이 고객의 무료함을 달래 줄 수 있는 유일한 방편이었기 때문이었다.

처음에는 접시 위로 올라가는 높이가 그리 심각하지 않았으나 날이 가면 갈수록 높이높이 쌓아 가는 고객의 기술 혁신은 그야말로 눈부신 것이었다.

한남대교의 기초가 부실해 강바닥으로부터 거의 떠 있다는 TV리포트를 보고 심한 충격을 받은 바 있으나 그런 건설 회사는 〈피자헛〉의 고객으로부터 한 수 배우라고 권하고 싶다.

접시 밑바닥에 감자나 코울슬로와 같은 것을 기초 공사하듯 탄탄하게 다져 놓은 다음, 접시 옆날개 부분에 썰은 당근과 양상추로 받침대를 튼튼히 붙여 놓고, 쌓아 가는 중간 중간 드레싱을 시멘트 칠하듯 발라 간다. 때로는 친구들과 누가 누가 높이 쌓는가 시합도 한다. 이런 광경을 쳐다보고 있노라면 고객들이 음식을 즐기는 것이니

흡족하기도 하지만 원가를 생각하면 가슴이 철컥철컥 내려앉는다.

어느 겨울날, 이 점포 저 점포 돌아다니며 점검하던 중 이태원점에서의 일이다. 젊은 여성 여럿이 스키복장을 하고 저녁 시간을 즐기고 있었다. 그중 한 명이 샐러드 접시를 가지고 나와 대표로 담아 가고 있었다. 무척이나 조심스럽게 찬찬히 그리고 높이높이 쌓아 가고 있었다.

나는 주방 앞을 지나며 친근감의 표시로 "스키 타고 오셨나요?" 하고 묻자 그 아가씨는 무슨 죄라도 지은 것처럼 깜짝 놀라는 것이 아닌가?

높이 쌓아가면서도 한편으론 직원한테 미안한 심정이 있었던 모양이다. 마치 도둑질하다 들킨 것처럼… 그러나, "차린 음식은 맛있게 많이 먹어 주는 것이 차린 사람에 대한 최대한의 예의입니다. 높이높이 쌓아서 많이많이 먹읍시다. 단 남기지만 맙시다. 쓰레기 종량제도 있고 하니…!"

고장 난 망원경

1986년 2월 미국의 플로리다주 올란도에서 전세계 〈피자헛〉 가맹점 회의가 열렸다. 본사 간부급 직원과 가맹점주들이 한자리에 모이니 2천여 명에 달했다. 지난해의 영업 실적을 분석하고 앞으로의 대책을 협의한 후 밤이면 즐거운 쇼와 만찬으로 이어지는 일종의 축제였다. 그 당시 회의의 주제는 '미래를 향한 비전(VISION TO THE

FUTURE)'이었다. 참석자에겐 특별히 제작된 망원경이 선물로 주어졌다. 망원경으로 미래를 내다보자는 뜻이었을 것이다.

지난날 수출, 수출을 부르짖던 나의 본능에 가까운 버릇이 도져 '도대체 이 망원경이 어디서 만들어져 온 것일까?'를 확인하는 데 이르렀다. 포장 상자의 바닥을 들여다보니 대만제였다. 상당히 실망스러웠다.

그 일이 있은 얼마 후 펩시 식품사 사장이 한국을 방문하였을 때의 일이다. 한국 시장에 관한 여러 가지 자료를 제시한 후 내가 한마디 했다.

"우리는 우리 나름대로 열심히 시장을 개척하려고 하고 있으나 미래를 향한 비전은 전혀 깜깜합니다."

참석자 전원은 깜짝 놀랐다. 그 사장은 내게 물었다.

"지금까지의 성과도 좋고 앞으로도 잘될 것 같은데 성 사장은 왜 그런 결론을 내리게 된 겁니까?"

나는 빙긋이 웃으며,

"글쎄 당신들이 미래를 내다보라고 준 망원경을 들고 열심히 보았지만 깜깜합니다."

그래도 그는 무슨 소리인지 못 알아듣고 어리둥절해하였다.

"그 망원경은 싸구려 대만제였고, 고장 난 거요. 왜 당신들은 품질 좋은 한국제는 사려고 생각도 해보지 않는 겁니까?"

그제야 그 사장은 나의 조크를 이해하고 환하게 웃으면서 수행한 부사장에게 선물용 아이템은 한국산 제품을 많이 수입하도록 지시하였고, 그 후 한동안 우리 회사는 상당량의 주문을 확보할 수 있었다.

3. 우리, 참나무 장작에 서명합시다

"우리, 참나무 장작에 서명합시다."

    1993년 10월, 나는 그때까지 운영해 오던 〈피자헛〉을 전량 매각했다. 그리하여 〈피자헛〉은 이제 100% 외국인 투자로 운영되는 체제로 전환된 것이다.

    나와 함께 동고동락했던 창업멤버들 김정석 상무, 백남재 전무, 이경용 과장, 최창용 과장, 최문규 과장, 오상근 과장, 여비서 김은수, 김치현 기사. 이들도 내가 무엇을 하든지 다시 함께하겠다며 보따리를 쌌다. 어떠한 항해가 될지도 모르는 상태에서 나와 함께 한 배를 타겠다는 그들을 바라보며, 5.16 군사혁명 직후에 고 박정희 장군이 자기를 둘러싸고 있는 참모들을 바라보는 그 유명한 사진 속의 심정을 이해할 것 같은 기분이 들었다. 그들이 내 곁에 있다는 든든함과 함께 여러 식솔들을 이끌고 다시 보람 있는 무슨 일인가를 시작해야만 한다는 책임감이 내 어깨를 눌렀다. 그러나 보배와도 같은 그들이 함께 있는 한 어떠한 일을 시작해도 못 해낼 것은 없었다. 중요한 것은 '무엇을 하느냐'였다.

    우선, 김정석 상무와 백남재 전무에게 외국 여행을 권했다. 부담스런 과제를 주지 않고 다만 시야를 넓히고 많이 느끼고 돌아오라는 여행이었다.

"오랫동안 〈피자헛〉에만 매달려 왔기 때문에 우리의 생각과 시야가 좁아져 있을 것이다. 남들은 어떻게 하고 있는지, 무엇을 중요하게 여기는지 살피고 오면 우리가 할 일의 형태도 보일 것이다."

목적지는 일본과 미국으로 정하고 김 상무는 일본으로, 백 전무는 미국으로 떠나보냈다.

일본을 보면 우리나라의 몇 년 후 모습을 미리 점쳐볼 수 있을 것이며, 미국을 통해서는 갖가지 그들 삶의 형태와 사고방식이 엮어내는 모습에서 다양성을 이루고 있는 하나하나를 분석해 보노라면 우리에게 맞는 형태가 무엇인지 찾을 수 있을 것 같았다.

넉넉한 여행 기간을 보내고 돌아온 그들과 긴 시간 동안 말 그대로 허심탄회하게 토론에 토론을 거듭하여 우리는 우리가 선택할 범위를 좁혀 갔다.

이야기 중에 특히 관심이 가는 것은 〈케니 로저스 로스터스〉였다. 패스트푸드 업체이면서 서비스하는 음식은 패스트푸드가 아니라는 점, 매장의 한편에 장작불 '로티서리(Rotisserie)'를 설치하여 조리하는 현장을 직접 보이면서 가정적인 훈훈한 분위기를 연출할 수 있다는 점, 실내 장식이 요란하지 않아 온 가족이 함께하는 가족 동반 식사에 적합하다는 점 등이 마음에 들었다.

1994년 7월, 이번에는 내가 직접 미국으로 날아갔다. 단지 손님의 입장에서 〈케니 로저스 로스터스〉의 음식을 먹어 보고 서비스를 받아 보기 위해서였다. 결과는 만족이었고 그들에게 배울 만하다는 결론을 내렸다. 나는 〈케니 로저스 로스터스〉가 어떤 회사인가 수소문하기 시작했다.

알고 보니 그 회사에는 내가 〈피자헛〉을 시작할 당시에 본사의 부사장으로 있던 그레그 달러하이드(Greg Dollarhyde)가 수석 부사장 자리를 맡고 있었다. 곧바로 연락을 취하니 그 역시 나를 기억하고 있었다.

"반갑습니다. 8월에 한국으로 우리 본사에서 사람이 나가는데 당신을 만나 보도록 하겠습니다. 그가 당신에게 연락을 할 것입니다."

그해 막바지 더위가 기승을 부리던 8월, 서울 시내에서 만난 사람은 로이 웨스턴(Loy Weston)으로 70년대에 일본에 〈켄터키 후라이드 치킨〉을 상륙시켜 일본 외식 산업에서 〈맥도날드〉 이상의 신화를 창조했던 주인공이다. 그는 미국 〈케니 로저스 로스터스〉 본사의 존 Y. 브라운(John Y. Brown) 회장이 '아시아 시장을 잘 알고 있는' 고문으로 영입하여 일하고 있었다. 존 Y. 브라운은 미국 켄터키주의 주지사를 역임했던 사람으로 초기 〈켄터키 후라이드 치킨〉의 회장이었다.

그레그 달러하이드 부사장의 권유로 한국을 방문하게 되었다며 내게 악수를 청하던 로이 웨스턴은 "이미 굴지의 기업가들이 한국에서 〈케니 로저스 로스터스〉를 하겠다고 하여 상담이 진행 중에 있다."는 말부터 전했다.

이번에도 〈피자헛〉을 시작할 때와 똑같은 상황의 반복이었다.

이미 10년 이상 외국 브랜드의 외식 산업을 경영했던 나는 거두

절미하고 곧바로 식당경영에 대한 전문적인 상담을 시작했다. 그 역시 이미 식당 경영에 관해서는 이골이 난 사람인지라, 3시간여에 걸쳐 나누는 대화 중에 불필요한 설명으로 시간을 끄는 일은 한 번도 없었다. 식당 경영의 전문가들로서 그야말로 화통하게 상담이 진행되었다. 후일담에 의하면 본사로 돌아간 로이 웨스턴은 "한국에서는 젊은 친구 'S. J. Sung'이라야만 우리 사업이 성공할 것 같다. 그는 '영타이거'다." 란 평을 했다고 한다. 곧 미국 〈케니 로저스 로스터스〉 본사로부터 연락이 왔다. 한국에서의 파트너는 성신제 당신으로 결정되었다는.

　본사와의 최종 협상을 위해서 미국으로 향하는 나는 상담 서류를 챙기는 손가방 속에 참나무 장작 한 토막을 챙겼다. 〈케니 로저스 로스터스〉의 가장 특징적인 조리 방법인 참나무 직접구이를 하기 위해서는 무엇보다도 좋은 참나무가 필요한데, 나는 이미 서울에서 참나무를 조달하는 방법까지 해결했다는 '백문(百聞)이 불여일견(不如一見)'식의 설명을 위해서였다.

　그쪽의 회장과 수석부사장, 이쪽의 나와 백 전무가 상담 테이블에 마주앉았다. 구체적인 상담에 앞서 나는 나의 손가방을 열고 잘 다듬어 챙겨 넣은 참나무 장작을 꺼내어 탁자 위에 놓았다.

　"나는 이미 이 사업을 내 사업으로 알고 준비를 진행하고 있습니다. 이건 우리가 쓸 참나무 견본인데 우선 여기에 사인하는 걸로 우리의 커다란 합의를 확인합시다. 나머지 자잘한 합의는 종이에 다시 사인하고…."

그 색다른 제안에 모두 즐거운 표정이 되었다. 펜을 들어 돌아가며 장작 위에 서명하고 나니 이후의 합의는 순풍에 돛 단 듯 순조로웠다. '지역독점료를 물지 않고 합작투자형식으로 한다. 점포개설료는 미국 내에서는 25,000불인데 10,000불로 한다.'

사실 합작투자형식은 그들로서는 유례가 없는 계약이다. 처음 가맹점을 내주면서 그들이 자본을 대는 경우는 거의 없기 때문이다.

"우리는 당신을 믿습니다. 또 무엇보다도 대기업의 약점을 잘 알기 때문에 한국에서 당신과 손잡고 일하게 된 것을 다행으로 생각합니다."

우리가 서명한 참나무 장작은 〈케니 로저스 로스터스〉 본사에 기념으로 전시되어 있었다.

"나의 문화유산답사기"

늦은 밤 11시나 12시경에 거리낌 없이 울리는 현관 벨소리가 들리면 그건 틀림없이 내 친구 '유홍준'이다. 후에 『나의 문화유산답사기』라는 책으로 일약 유명 인사가 되어 버린 바로 그 친구가 헐렁한 옷차림으로 '바둑 한 판'을 청하며 현관문을 들어선다. 나 역시 그와의 바둑 대결이라면 '하시불사(何時不辭)'인지라 주섬주섬 그를 맞으며 바둑판을 챙긴다.

지난 1987년, 나는 사무실을 서울 문리대 정치학과 동기가 건물 주인 논현동으로 옮겼었다. 그곳에서 먼저 연구실을 내고 있던 유홍준을 20여 년 만에 다시 만났다.

　60년대 동숭동 서울 문리대 시절에 우리는 연극반 문턱을 함께 들락거렸는데, 그때만 해도 그는 망치와 톱을 들고 무대 뒤편에서 막장만을 맴돌았고, 나는 그래도 무대 위를 오르락내리락하던 배우 출신이라는 신분의 차이(?)가 있었다. 그런데 20여 년 만에 만난 이 친구는 그때까지도 60년대의 동숭동 문리대 학생의 모습을 한 자락 걸친 채 살고 있는 것이 아닌가? 그러한 그의 모습이 신기하다 못해 부러울 지경이었다. 나의 분주했던 20대와 30대 그리고 40대가 현실에 정면으로 부딪히면서 세파에 휩쓸려온 것이라면, 그는 그저 터덜터덜 우리 같은 사람들과는 상관없는 길을 무심히 걸어온 듯이 보였다.

　심야에 방문한 그와 한 판의 바둑이 끝나면 우리는 상쾌한 밤공기를 마시며 집 밖으로 나선다. 문 앞 계단에 걸터앉아 골목길을 내다보며 이야기를 나눈다. 화제는 종횡무진 고대와 현대를 넘나든다. 김정호 할아버지, 김홍도, 겸재… 그분들을 현실 공간에 모셔와 함께 숨 쉬게 하는 솜씨를 지닌 그의 입담에 귀를 내주고 있다 보니 어느새 나도 우리 미술품을 극진히 사랑하는 애호가가 되어 버렸다.

　"이봐! 어디 가 보니까 좋은 그림이 있던데, 그런 건 자네 같은 인간이 지니고 있어야 안심이 되겠어. 빨리 알아봐!"

　언제부턴가 그의 이런 조언을 들으면 나는 가슴부터 뛰는 증세가 생겼다.

　무수한 내기바둑에서 수없이 깨진(?) 그가 언제 그렇게 많은 문화유산을 답사했었는지, 축난 가계에 여행비는 어떻게 조달했었는지… 결국 베스트셀러를 터뜨리고야 만 지금에는 그 모든 걱정이 쓸모없어졌으니 이 역시 얼마나 통쾌한가.

어쨌든 '성실한 베짱이'인 그로 인하여 나는 오랫동안 잊었던 60년대 문리대의 향기를 다시 누리는 행운을 얻었다. 90년대에 60년대 이야기라니… 60년대에 듣던 30년대의 이야기가 그랬을까? 마치 신화 속의 장면들을 더듬듯 그 시절을 떠올리면 신비하고 행복하다. 모두 다 어려웠으면서도 어떻게 그렇게 훈훈하고 낭만적일 수 있었을까? 지금의 세태에선 도저히 이해하기 어려운 불가사의다. 우리 아이들이 그 시절의 낭만을 상상이라도 할 수 있을까?

그리하여 아직도 그 시절의 '베짱이' 역할을 고수하고 있는 족속들에게는 마치 빚이라도 갚아야 하는 숙제가 남아 있는 양, 나는 늘 그들에게 부담감을 안고 사는 지경이 되어 버렸다.

"어이, 성 형! 이번에도 스폰서 하는 거지? 팜플렛 한 장 남겨 놓는다."

지금껏 무모하게(?) 무대를 지키고 있는 그 웬수(?)들은, 그 어렵다는 연극계에서도 재야에 속한다는 '연우무대'를 꾸려 나가고 있는데 나는 번번이 그들의 그물에 걸려들었다.

"어휴, 알았어. 그런데 이번엔 얼마짜리야?"

疑人莫用 用人勿疑 (의인막용 용인물의)

몇 년 전 한창 실세로 명성을 날리던 L씨가 장관 취임사에서 자신의 인사 정책을 '疑人不用 用人不疑(의인불용 용인불의)'라고 표현하였다는 신문기사를 읽은 적이 있다. 나는 즉시 장관실로 전화를 걸어 비서관에게 장관이 분명히 그와 같이 말한 것인지 아니면 주위에서 홍보용으로 둘러댄 것인지 물어 보았다. 당황한 비서관은 도대체 그 한자 숙어에 무슨 문제가 있는 것이냐고 물어 왔다.

"그 숙어는 명심보감에 나오는 숙어로 장관께서 쓴 아니 '불(不)' 자(字)는 뜻으로는 맞는 것이나 원전에는 분명 없을 막(莫), 말 물(勿)로 되어 있습니다."

"아, 그렇습니까? 알려 주셔서 대단히 고맙습니다. 누구신지 성함과 연락처를 알려 주시죠."

"나는 단지 L장관을 아끼는 시민입니다."

내가 여기서 이야기하고자 하는 바는 아니 '不'이냐 아니면 '勿' 또는 '莫'이냐 하는 것이 아니라 이 숙어가 나의 사업에서 차지해 온 비중을 말하고자 하는 것이다.

1977년 주식회사 삼화의 경공업 사업부에서부터 시작된 기업 활동에서 나는 수많은 업자들과 만나게 되었고 그들과의 거래를 통해 돈을 벌기도 해보고 또 막대한 손해를 보기도 하였다. 그 와중에서 내가 항상 마음속에 다짐해 왔던 원칙이 바로 이 숙어였다.

거래를 시작하기 전에 충분한 시간을 가지고 그 업체 제품의 품질, 납기를 잘 지키는지의 여부, 경영자의 성실도 등 모든 것을 꼼꼼히 체크한 후에 나는 이 업체와 얼마나 오래 거래를 할 수 있을 것인가를 자문해 보는 것이다. 인간성은 좋아 보이나 제품 개발 능력이나 발전 가능성이 없어 보이는 경우, 또는 그 반대의 경우 등을 찬찬히 검토해 본다. 그리하여 일단 거래업체로 선정이 되면 그 업체가 고의로 나를 속이려고 술수를 쓴 경우가 아니면 절대로 내가 먼저 그들로부터 등을 돌리지 않는 것을 변함없는 원칙으로 지켜 오고 있다. 심한 경우는 지난 십수 년간 공장이 서너 번씩 망하여 문을 닫은 업체의 경우에도 새로이 문을 열고 나를 찾아오면 우리가 당장은 필요치 않은 물품도 서너 달 후 수용에 대비하여 주문을 주곤 한다. 주위에선 이를 의아해하고 그 이유를 물어 오는 경우도 있다. 그럴 때마다 내가 하는 말은

"그 사람은 열심히, 성심껏 하려고 하다 사고를 낸 것이지 나를 상대로 술수를 쓰려고 한 것이 아니다. 내가 능력이 있는 한 그런 사람은 도와줘야 한다."이다.

그러나 반대로 제품이 제아무리 우수하여도 나를 속이려는 움직임을 보였을 경우 어떠한 재산상의 손실을 감수하고라도 거래를 중단한다. 이 원칙은 사람을 쓰는 데도 마찬가지다. 모든 조건을 검토한 후 이 사람이 나와 평생을 같이 늙어 갈 만한 사람인가를 생각해 본다. 아무리 우수한 사람이라도 내가 환갑, 진갑 나이 들도록 같이 옆에 있어 편한 사람이 아니면 절대로 채용하지 않으며 일단 채용하면 철저히 그들을 믿고 일을 맡긴다.

삼십 대 초반 한창 왕성하게 활동을 하던 때에 만나 쉰을 바라보는 지금까지 마음 편히 만나는 P씨가 슬그머니 나의 방문을 열고 나타난다.

"성 형, 나요. 그동안 나 잊어버리지 않았지요? 주문 있으면 나, 다시 시작하게 도와주세요."

요즈음 귀신은 정도 있고 상식도 있는 모양이다. 이런 화상들을 살려 두고 있는 걸 보면….

도대체 어떤 운동이기에…

골프라는 운동은 참으로 묘하게 재미있는 운동이다. 그리고 어떤 운동보다도 사연이 많은 것 같다.

요즈음 골프 이야기 하면 엄청나게 소신 있는 사람이거나 머리가 좀 모자라는 사람 중에 하나라고 한다. 골프를 즐기는 분들이 골프를 시작한 이유를 들어 보면 대개 '사업상 필요해서' 또는 '건강을 위해서'라고 한다. 그러나 내가 골프를 시작한 것은 '화가 나서'였다.

해군사관학교 교관으로 근무하던 시절, 나는 당시 거의 사용하지 않던 망해봉 산속에 위치한 제2연병장 본부석 밑에 붙어 있는 선수용 탈의실을 허가받아 숙소로 사용하고 있었다. 한 달에 몇천 원하는 독신 장교 숙소 사용료도 절약하고, 또 마음먹고 책 좀 읽기 위해서였다.

그런데 생각지도 못한 일이 벌어졌다. 일요일만 되면 아무도 출입하지 않던 그 넓은 연병장이 온통 장터 같아지는 것이 아닌가? 요즈음이야 시내 곳곳에 닭장(?)이 많아 골프 연습하는 데 아무런 불편이 없지만 당시만 해도 연습할 시설이 별로 없었다. 때문에 휴일만 되면 고급 장교들이 연병장을 골프 연습장으로 사용하였던 것이다. 직선 거리가 약 150미터 정도 되는 연병장이니 연습장으로는 적격이었다. 그러나 골프공을 받아주는 망이 전혀 없으니 어찌되겠는가, 오늘날과 같이 개혁된 군에서는 상상도 못 할 해프닝이 벌어질 수밖에 없는 것이다. 오갈 데 없는 불쌍한 사병들이 연병장 한끝에 배치된다. 정타로 날아오는 골프공은 폭탄이요, 흉기이다. 해라도 정면으로 쳐다보는 날이면 생지옥이다. 이리저리 공을 피해 다니다가 연습 공이 떨어지면 재빨리 주워야 한다. 장교로 군에 오길 정말 잘했다고 생각했다.

'세상에 뭐 저런 운동이 다 있나?'

골프에 대해 무지했던 나는 이 어이없는 꼴을 보면서 어떤 일이 있어도 골프 같은 운동은 하지 않겠다고 생각했었다.

1974년 제대 후 가정 사정으로 학업을 계속하려던 꿈을 포기하고 직장 생활을 할 수밖에 없게 되어 첫 취직을 한 곳이 호남정유의 비서실이었다.

그다음 해 늦은 봄으로 기억한다. 모시고 있던 분께서 친구분들과 어울려 골프장에 나간 후 긴급한 상황이 발생했다. 골프장으로 달려갔다. 1번 홀에서 티샷을 한 후 막 걸어 나가시기 직전이었다. 나는 이야기가 아직 끝나지 않았기에 계속 필드로 따라나섰다. 약 50미터쯤 걸어 나갔을 때 관리인으로 보이는 직원이 얼굴이 하얗게 되어서 따라 왔다.

"여기가 어디라고 구두 신고 들어오는 거요?"

"어디긴 어디야, 잔디밭이지, 신발 신고 들어오지, 그럼 맨발로 다니란 말이요?"

돌아오는 차 안에서도 분한 마음을 식힐 수 없었다. 이래저래 골프에 대해서는 좋지 않은 감정만 자꾸 이어졌다.

1987년 여름, 미국 펩시콜라의 식품관계 회사 사장이 방한한다는 연락이 왔다. 3박 4일의 여행 기간 중 하루는 골프를 쳤으면 좋겠다고 한다.

'왜 하필이면 내가 그렇게 싫어하는 골프람.'

어떻게 예약을 하는지, 어느 골프장이 좋은지 알 수가 있나. 할 수 없이 학교 선배에게 상의를 하였다. 그러나 지금 생각하면 그 선배도 골프에 대해 그다지 해박한 지식을 가지고 있진 않았던 모양이다. 예약된 골프장은 산성 골프장, 지금의 동서울 골프장이었다. 골프장 가는 길부터 문제였다. 육중한 거구의 외국인을 가득 태우고 한여름 더위에 에어컨을 켜고 그 언덕길을 오르자고 하니, 1,600CC짜리 내 차 로얄 XQ는 그만 시동이 꺼지고 말았다.

어쨌건 골프가 시작되자 나는 클럽 하우스에서 책이나 읽을 요량으로 4시간을 기다리기로 하였다. 그러나 어찌된 일인지 두 시간도 안 되어 일행이 벌겋게 달아가지고 나오는 것이 아닌가? 미국의 아름답고 편한 골프장에서만 치던 사람들에게 동서울 골프장은 유격훈련장이나 마찬가지였나 보다.

"어찌된 일입니까?"

"아직 시차 적응이 잘 안 되어 피곤해서 일찍 끝냈습니다."

그러나 사실은 그렇지 않다는 것이 눈에 쓰여 있었다.

이리하여 나는 '도대체 어떤 운동이기에 이렇게 사람 속을 썩이나?' 싶어 직접 한번 해보기로 하였다. 과격한 내 성격이 섬세함을 필요로 하는 골프에 잘 적응이 되질 않아 시작한 지 6~7년이 지난 당시에도 핸디캡은 여전히 18이었다. 그러나 지금 누가 '골프 시작한 걸 후회합니까?'라고 물어온다면 내 대답은 이렇다.

"네, 후회합니다. 왜냐하면 너무 재미있으니까요."

베네치아의 뱃사공

수중 도시 베네치아. 아마도 지구상에 존재하는 그 어떤 도시보다 로맨틱한 분위기가 넘쳐흐르는 도시가 아닐까 한다. 누구나 이 도시에 들러 본 사람이면 한두 가지의 잊지 못할 추억을 가슴 깊이 간직하고 있기 마련이다. 그러나 나의 추억은 낭만적인 곤돌라도 아름다운 여인도 아닌, 역시 음식점에 관한 것이다.

피자 사업을 추진하기로 하고 알아야 면장도 한다기에 아내와 같이 세계적으로 유명하다 싶은 곳의 식당을 대충 둘러보기로 했다. 이 나라 저 나라를 기웃거리던 중 이태리까지 가게 되었고, '여기까지 왔으니 베네치아를 보지 않을 수는 없다.' 하여 무작정 베네치아행 비행기에 올랐다. 호텔에 여장을 푼 뒤 그들이 말하는 택시인 고속 보트를 타고 이 골목 저 골목을 몇 시간이고 시간이 가는 줄도 모르고 기웃거렸다. 시장기를 느껴 호텔로 돌아가 식사를 할까 하다 뒷골목의 그야말로 보통 시민이 출입하는 식당에 가야 진짜 이태리 음식을 맛볼 수 있겠다 싶어 허름한 뒷골목의 식당을 찾아 들어갔다. 음악도 없이 담배 연기는 자욱하고 100kg도 넘어 보이는 거구의, 그러나 무척이나 사람 좋아 보이는 인상의 아줌마가 주방에서 요리를 하고 있었다. 테이블에 삼삼오오 짝지어 앉은 이태리인들은 무슨 사연이 그렇게들 많은지, 싸우는 것 같기도 하고 또 어떻게 들으면 오페라 같기도 한 수다를 끊임없이 쏟아내고 있었다.

빈 테이블에 아내와 자리 잡고 앉아 한참을 기다려도 도대체 주문 받을 생각을 안 했다. 알고 보니 오픈된 주방 앞에 가서 직접 주방장에게 큰 소리로 주문을 해야 하는 것이었다. 용감히 일어서서 그 아주머니에게로 갔다.

"아주 평범한 이태리 음식을 먹고 싶은데요."

물론 이태리 말을 모르니 영어였다. 그러나 그 아주머니는 한 마디의 영어도 못 알아듣는 것이 아닌가? 아주머니는 뭐라고 열심히, 진지하게 이태리어로 나에게 설명을 했지만 도통 의사소통이 되질 않았다.

계속 내가 고개를 흔들자 앞자리의 손님과 한참을 이야기하더니 이번에는 그 손님이 나에게 설명하려고 하는데 그 역시 영어가 한마디도 통하지 않았다. 에라 모르겠다. 그 검게 그을린 피부의 손님이 먹고 있는 음식을 손가락으로 가리키며 그 음식이 무어냐고 물었으나 영어가 안 통하기는 마찬가지. 그 손님도 한참을 이태리어로 설명하더니 나중에는 자기 가슴을 주먹으로 쾅쾅 치며 답답해하는 것이었다.

결국 그는 자기 음식을 나이프로 조금 썰어 나에게 주더니 먹어 보라는 시늉을 하기에 이르렀다. 먹어 보니 맛이 괜찮았다. 우리는 그 음식을 시키기로 하고 고맙다는 표시로 웃으며 고개를 숙이자 식당에 있던 전 종업원과 손님들이 일제히 박수를 치며 좋아한다.

다음 날 아침 베네치아의 명물이라는 곤돌라를 타고 반나절 관광을 하기로 하고 호텔 앞에서 이 배를 탈까 저 배를 탈까 고르고 있던 중 눈이 마주 친 곤돌라 뱃사공이 있었으니, 그가 바로 어제 저녁 식당에서 만난 그 손님이었다. 얼마나 반가웠던지….

그와 함께 지낸 반나절은 영어가 통하지 않아도 그렇게 즐거울 수가 없었다.

'Oh! Sole mio!'

이태리는 택시 운전사도 모두 성악가라더니, 그 뱃사공은 노래도 무척 잘했다.

가자! 장미 여관 대신 서점으로!

요즈음과 같이 교통 체증이 심한 때에 강북 쪽에 약속 장소가 정해지면 약속 날 며칠 전부터 무슨 예비군 소집 통지서라도 받은 것 같아 가슴도 답답해지고 심하면 두통까지 생긴다.

한남대교 위의 교통이 어떻게 될까? 종로 쪽의 체증은 어느 정도일까? 터무니없이 늦어질 경우, 어떻게 변명해야 하나? 가는 길에 막힌 차 속에서 전화를 해가며 늦어서 미안하다고 몇 번이나 변명해야 될까? 상대방이 불쾌하게 여기며 자리를 뜨면 어떻게 될까? 그 불쾌감 때문에 잘되리라 기대되던 거래가 깨어지면 어떻게 되나?

그런데 나는 이런 모든 걱정을 한꺼번에 지워 줄 묘책을 찾아냈다. 이제는 더 이상 강북 쪽에서의 약속에 대해 조금도 두려워하지 않게 되었다.

그 묘책이란 바로 '서점에 들르기' 작전이다. 우선 정상적인 출발 시간보다 40분이나 한 시간 정도 일찍 출발한다. 교통 체증이 심하더라도 예상 시간보다 1시간의 여유가 있으니 차 안에서 불안해할 필요가 없으며 약속 시간보다 일찍 도착한 경우에는 부근의 서점에 들르는 시간을 가지면 되는 것이다. 서점에 들러 정 즐겨 읽는 서적이 없거나, 또는 마땅히 읽고 싶은 심정이 아니라면 이쪽저쪽 책 제목만 살펴보는 것도 즐거운 일이다. 최근에는 서점들이 엄청나게 대형화된 데다가 정치, 경제, 사회, 문화, 취미 등 코너별로 체계적으로 분류되어 있어 투자한 시간이 전혀 아깝지 않게 보낼 수 있다. 제목만 살펴봐도 대충 세상 돌아가는 분위기는 파악할 수 있는 것이다. 다만, 골목골목의 작은 서점들이 눈에 띄게 줄어드는 것이 안타깝다.

자! 이제부터 약속을 두려워하지 맙시다. 조금 일찍 출발하여 서점에 들릅시다.

"아니, 성 사장님, 어떻게, 단 1분도 늦지 않게 오시는 비결이 도대체 무엇입니까?" "오늘같이 중요한 약속에 어떻게 늦을 수 있겠습니까?"

그 순간부터 실패 끝, 성공 시작입니다.

이 공, 손님 공인가요?

연속적인 개점에 정신없이 끌려다니다 보니 그렇게 좋아하던 운동도 상당 기간 하지 못했다.

그러던 어느 일요일, 아침 일찍 일어나 아내와 그야말로 오랜만에 테니스를 치게 되었다. 아침 일찍 운동을 한 후 샤워하고 매장으로 나가도 개점 시간을 맞출 수 있었기 때문이다.

상쾌한 초여름의 아침 햇살을 받아 가며 코트를 누비는 사이 그 동안 쌓였던 피로는 흔적도 없이 씻겨 나가는 것 같았다. 가지고 있던 공을 모두 쓰고 나서 네트 앞으로 다가가 공을 줍다 보니 우리가 가져온 공이 아닌 것이 보였다. 그 공을 들고 옆의 코트에서 치고 있는 분에게 물었다.

"이 공, 손님 공인가요?"

"예, 저희 겁니다. 고맙습니다."

그런데 그 옆 코트 분들이 이상한 눈초리로 나를 쳐다보는 것이 아닌가?

영문을 모르다가 '아하!' 하고 내 머리를 쳤다.

'아니, 손님 공이라고?'

어느 사이 나도 모르게 '손님'이란 말이 입에 배어 있다가 무의식 중에 튀어나오게 되어 버린 것이다. 나는 조금도 부끄럽지 않았다. 아니, 오히려 자랑스러웠다.

허공을 향해 한바탕 큰 소리로 웃고 나니 맞은편의 아내가 웬일이냐고 물었다.

"별일은 아니지만, 이 친구야, 지금의 내 모습이 마음에 들어서지. 당신은 정말 시집을 잘 온 거야."

내 맘을 알았는지 아내는 덩달아 웃으며 서브를 재촉했다.

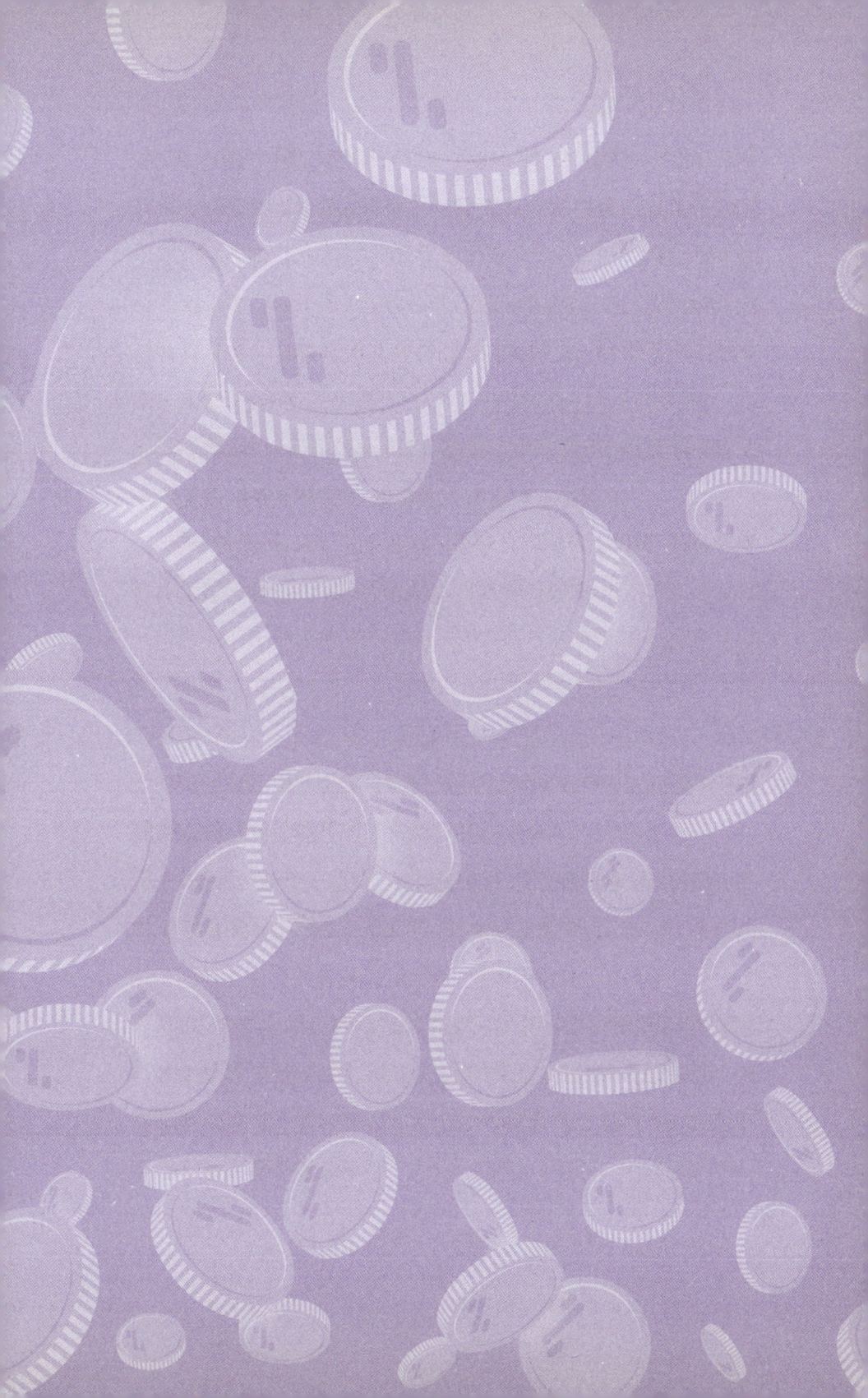

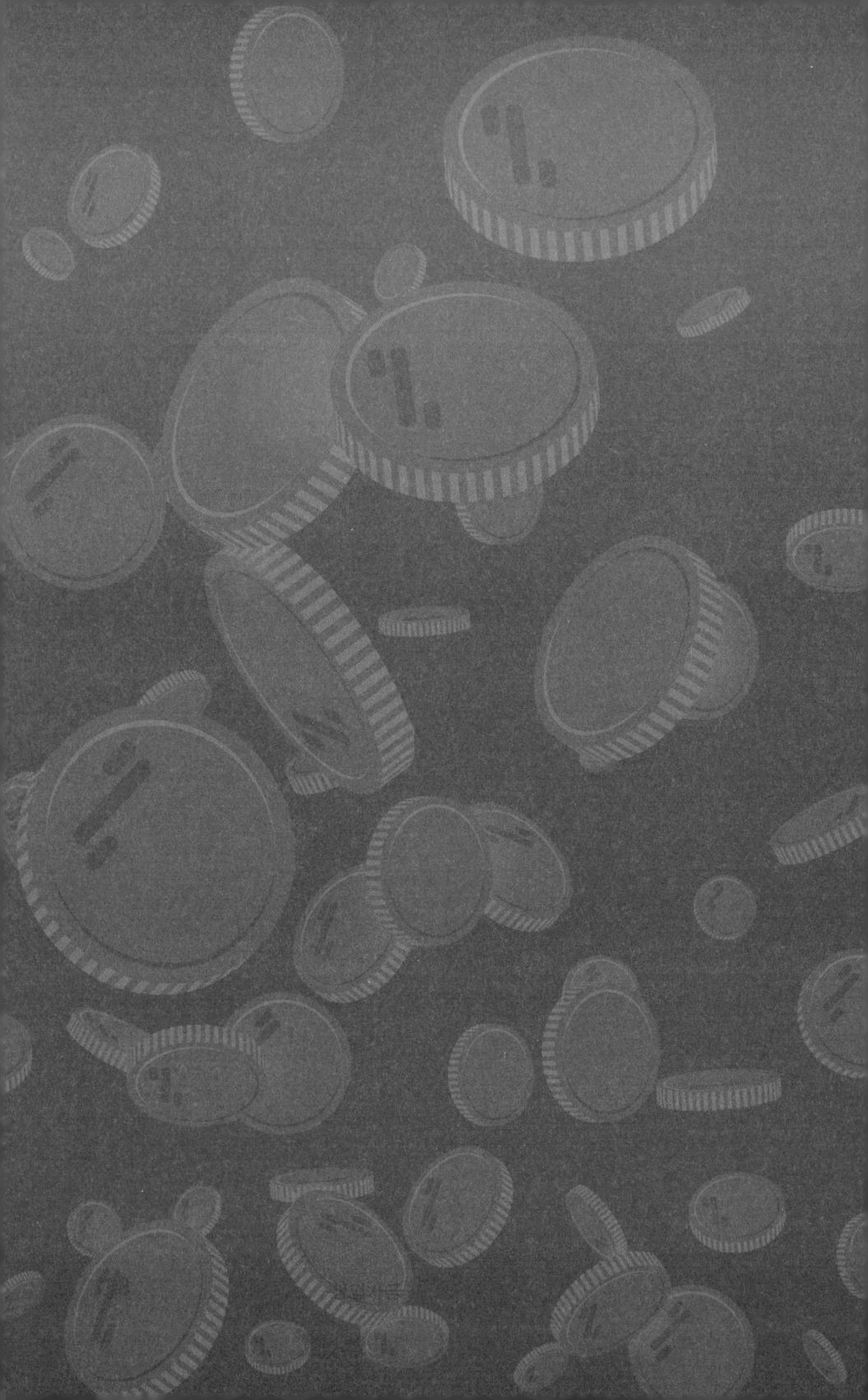

11

멋진 성공을 위하여

1. 멋진 성공을 위하여

햄버거 정찰병

　패스트푸드 시장의 변화를 살펴보기 위해 미국을 여행하던 중 유독 내 눈길을 끄는 한 장면이 있었다. 다름 아닌 햄버거 가게 앞마다 국기 게양대에서 휘날리는 미국의 성조기였다. 그것은 상당히 기이했다. 미국의 세계적인 기업의 본사를 가 보아도 성조기는 없었다. 그러면 햄버거 가게 주인들만은 남다른 애국심을 갖고 있다는 말인가.
　우리나라의 경우를 보아도 태극기를 내건 체인점은 없다. 아니, 더욱더 성공적인 일본의 초대형 체인점 그 어느 곳에서도 일장기는 보이지 않는다. 그런데 유독 미국의 햄버거 집에서만 지금 이 시간에도 성조기가 펄럭이고 있는 것이다.
　그렇다면 역사 콤플렉스에 걸려 있는 미국인들이 빈약하기는 하나 나름대로 미국의 식문화를 대표하는 음식으로 자리 잡고, 더 나아가 가장 세계적으로 잘 알려지고 잘 침투된 음식으로서의 자부심이 성조기로 나타났을까. 그러나 세계 곳곳에서 그들이 벌이고 있는 사업의 내막을 살펴보면 그리 고운 눈으로만 보아 줄 수 없는 만만치 않은 구석이 있다.
　햄버거 가게 앞에 펄럭이는 성조기가 마치 달나라 정복 직후에 달

표면에 꽂아 놓은 그것의 위세 같아 보인다면 지나친 피해망상일까?

18세기와 19세기에 걸쳐 일어난 서구 제국주의의 아시아에 대한 침략사를 살펴보면 무력 침공의 계기를 제공하는 역할은 항상 로마 교황청이나 개신교 선교사들에 의해 훌륭히 수행되어 왔음을 알 수 있다. 종교인들의 잠입, 포교 활동, 그들에 대한 탄압, 종교인들의 순교, 이를 빌미로 한 무력 충돌이 계속 반복적으로 되풀이되어 왔다. 굳이 처음부터 의도적으로 그렇게 한 것은 아니라 하더라도 결과가 한결같이 그러하니 오해를 받는 것도 무리는 아니다. 그런데 이러한 종교인들의 역할을 21세기의 오늘날엔 이들 햄버거 업체들이 대신하고 있다면 지나친 억측일까?

사실 총, 칼 들고 하는 전쟁이야 구시대 유물이 되었고 현대는 그보다는 물건을 사고파는 경제 전쟁의 시대 아닌가. 정부 차원에서 통상 협상을 시작하기 전에 이들 햄버거 업체들은 이미 상대국에 진출하여 시시콜콜 수입 시장의 개방 확대를 요구하며 문제를 일으키기 시작한다. 서구식 패스트푸드에서 없어서는 안 될 주된 재료가 소고기, 감자튀김, 밀가루, 치즈 등이다. 이들 모두 농업 국가가 대부분인 아시아 지역 국가들의 주요 농축산물이며 동시에 국제적으로 그 경쟁력이 열세에 몰려 있는 품목이기 때문에 그 시장 개방에 관하여 대단히 민감한 반응을 보이는 것은 너무나 당연하다. 그들은 실정법상 명명백백히 수입이 금지되어 있는 줄 알면서도 상륙을 시도한다. 상대국에서 실정법을 이유로 서류를 반려하면 한참 있다가 다시 접수시키기도 한다. 이렇게 차곡차곡 실적(?)을 쌓아서는 급기야 통상 회

담의 테이블 위에 모습을 드러내는 것이다. 그런가 하면 한편으로는 현지에서의 공격적 영업 활동으로 현지 국민들의 입맛을 바꾸어 놓아 정작 수입시장 개방이라는 정치적 이슈가 불거져 나올 때 그들에 대한 저항력이 이미 떨어져 있도록 만드는 사전 공작도 잊지 않고 수행해 나간다.

그러한 그들의 전략을 눈치챘다. 한때는 외국 브랜드 식당을 대하는 현지 당국이나 언론의 눈길이 곱지 않은 수준을 지나 험악하기까지 하였다.

내가 외국 브랜드인 〈피자헛〉을 들여와 운영할 때 가장 먼저 부딪힌 것도 바로 그 문제였다. 스태프들과 밥 먹듯 밤샘해 가며 우리 실정에 잘 맞는 가정적 분위기의 CF를 제작해 보자고 노력했건만 그 해에 방영된 모든 CF를 평가하는 광고대전에서는 기껏해야 장려상이라는 한계를 벗어나지 못하는 것이 아닌가. 본상까지 올라갔으나 최종 심사과정에서 외국 브랜드라는 이유로 탈락하고 말았다는 후일담으로 더욱 맥이 빠졌었다.

또 황금시간대(Prime Time)에 광고를 해보려고 제아무리 노력해도 도무지 시간이 잡히지 않는 것이다. 알고 보니 그 시간대에는 국내기업 광고를 최우선으로 주기로 하자는 담당자 간의 비밀 애국충정결사(?)가 있다고 한다. 외국 브랜드 들여와서 장사하는 사람은 모두 다 외국 자본의 앞잡이고 매국노란 말인가? 차라리 그럴 바엔 처음부터 꽁꽁 문 닫아 놓고 된장국에 삼겹살이나 먹고 짚신 신고 살아갈 일 아닌가? 일류 호텔 못지않은 분위기에 저렴한 가격으로 양질의 음식을 제공하기 위해 노심초사하는 우리를 모조리 죄인 취급하는 풍조가 한없이 야속하게만 느껴졌다. 그러나 한편으로 사태가 이렇게까지 된 데에는 현업에 종사하는 우리들의 책임 또한 만만치 않음을 알게 된다. 우리 대부분은 그동안 단순히 정찰병이었지, 그 이상도 이하도 아니었기 때문이다.

동토의 왕국에 관한 가장 신선한 정보는 탈북 귀순자들로부터 얻어진다고 한다. 그렇다. 낙후한 외식 산업을 근대화시키고, 체계화시켜 세계에 내보내려면 앞선 그들로부터 우선은 배워야 한다. 그 배움의 연결고리가 되는 것이 바로 우리들이 맡아야 할 역할이다. 그들이 보낸 정찰병을 통해 선진화된 음식조리 기술, 재고관리 기술, 인사관리 기술 등 그들의 수천, 수만 개의 주옥같은 노하우(Know-how)를 우리 것으로 만들어야 한다.

정찰병을 귀순병으로 바꾸는 작전이야말로 우리가 선택할 세계화로 나가는 지혜라고 생각한다.

<타코벨>로 참패하다

성공하면 구국의 영단이요, 국운의 개척자가 되지만, 실패하면 만고의 역적이 되는 것이 바로 쿠데타라고들 한다. 이것은 사업에 있어서도 마찬가지로 적용된다. 사업에 성공하여 자서전 비슷한 책이라도 한 권 내놓을 정도가 되면 그 사람의 지나온 인생 역정은 한결같이 피나는 노력과 불굴의 의지로 점철되어 온 인간 승리, 바로 그것이며, 마치 그 사람의 손끝에는 황금의 마법이 작동되어 닿는 곳마다 황금으로 변하는 듯 이야기된다. 그러나 실패한 사업가의 이야기는 대부분 '사업하고자 하는 열의도 없었고, 사생활도 문제가 있었고….' 등등 처음부터 뭔가 잘못되어 갈 사람이었다는 식이다.

내가 거의 무일푼에서 시작하여 50여 개의 피자집을 경영하기에 이르자 주위에서 나를 두고 탁월한 경영 능력이 있느니, 사업가로서의 뛰어난 자질이 있느니 하는 이야기들을 많이 들었다. 사실 낯 뜨거운 이야기이다. 물론 금액으로 계산하여 단 10년도 못 되는 기간에 그만한 실적을 올렸으니 그렇게 볼 수도 있으나 지난 10년을 돌이켜 보면 성공의 기쁨을 만끽하며 지나온 시간보다는 실패에 대한 두려움으로 불안과 초조 속에 지내 온 시간이 더 많았음을 솔직히 고백하지 않을 수 없다.

내가 경험했던 여러 실패 중 〈타코벨〉 경영의 실패 경험은 외식산업에 종사하거나 또는 앞으로 진출하려는 분들에게 상당히 유익하리라 보고 창피함을 무릅쓰고 왜 실패하였나를 소상히 밝혀 보겠다.

첫째로 사업주의 의지 부족을 들 수 있겠다.

애초에 〈타코벨〉을 국내에 들여오기로 한 동기부터가 문제였다. 멕시칸 패스트푸드로 승부를 걸어보려는 의지는 애초부터 없었고, 단지 그것이 미국 펩시콜라 측의 3대 레스토랑 체인 중 하나였다는 사실에 착안, 〈켄터키 후라이드 치킨〉은 이미 두산그룹이 기술 도입하여 영업 중이었고 〈피자헛〉은 내가 독점권을 가지고 있었으므로 마지막 남은 〈타코벨〉을 조금은 무리를 해서라도 먼저 독점권을 확보하여 점포를 하나나 둘 정도 열어 놓고 세계 시장에서 그들의 활동 성과를 지켜본 후 확대 투자 여부를 결정하려 했던 것이 나의 구상이었다. 그 결과 독점기술 도입계약을 체결한 이후 마땅한 지역에 점포를 확보할 수 없음을 이유로 근 1년 이상 시간을 끌며 기회를 보아왔던 것이다. 그러나 막상 그들로부터 계약취소 검토 통보를 받고 난 후론 입장이 많이 달라졌다. 무리해서라도 점포 문을 열어야 하겠다는 결정을 내릴 수밖에 없었고 마침내 판도라의 상자는 뚜껑이 열리고 말았다.

둘째로 점포 위치 선정의 문제점을 들 수 있다.

대체로 식당을 분류할 때 유동인구와의 관계를 기준으로 유동인구 유발형(Traffic Generator)과 유동인구 추종형(Traffic Follower)으로 분류할 수 있다. 전자는 가족식당 또는 일품요리식당 등 넓은 주차장을 구비하고, 오다가다 근처에 있으니 들르는 식당이 아니라 고객들이 외식을 하기로 작정을 하고 찾아오는 식당을 말한다. 따라서 이러한 식당들은 굳이 도심의 번화가에 위치할 필요가 없다. 외곽에 위치하고 있어도 고객들이 찾아오기 때문이다. 후자인 유동인구 추종형은 간편식 레스토랑(Fast food restaurant) 또는 경쟁적 가격대의 대중음식점이 이에 속한다. 이들에게는 점포의 위치가 영업의 성패에 결정적인 영향을 미치게 되는 것이다. 4,000원 또는 5,000원 하는 햄버거를 먹기 위해 성북동에서 송파까지 자동차를 몰고 나올 고객은 없지 않겠는가? 제아무리 맛있는 음식이라도 가족이 함께 식사해야 할 저녁 시간에 주차장이 전혀 없다면 어떻게 가족 단위의 고객이 확보될 수 있겠는가? 미국의 경우 〈맥도날드〉나 〈켄터키 후라이드 치킨〉, 〈버거킹〉 또는 〈피자헛〉 등 유명 간편식 식당을 흔히들 유동인구 유발형이라 한다. 그러나 이들 모두 서울, 부산과 같은 대도시에서 영업할 경우엔 예외 없이 유동인구 추종형이 된다.

〈타코벨〉 역시 미국에서는 유동인구 유발형에 속하나 우리나라에서는 어김없이 유동인구 추종형으로 자리매김 되었어야 했다. 그러나 강남역 뒷길 유흥가에 위치한 1호점은 대로변에 위치하여 유동인구를 추종할 위치에 있지도 않았고, 환락가에 위치한 관계로 그나마 유동인구도 〈타코벨〉이 겨냥할 주요 고객층과는 현격한 연령 차가 있었던 것이다. 점심 시간대에는 포만감을 최우선으로 하는 직장인이 유동인구의 대부분이었고 저녁 시간대에는 술을 한잔 걸치기 위한 30대 이상의 중장년층이 주류였으니 그들의 눈에 비친 〈타코벨〉은 도무지 주변과 어울리지 못하는 이단이었던 것이다.

식당업에 있어서 점포 위치의 중요성은 미국식 표현을 빌리자면 "아무리 강조하여도 지나침이 없다."고 할 수 있다. 식당에 대한 투자의 3대 부분은 주방 설비, 실내 장식 그리고 임대 보증금인데 주방 설비비와 실내 장식비는 한 번 투자되면 점포가 폐쇄되기 전까지 요지부동, 움직일 수 없다는 치명적인 약점이 있다. 다른 공산품이야 제품의 결함이 발견되면 생산 공정의 개선을 통해 품질을 개선하고 판매루트의 개선을 통해 매출 증대를 꾀할 수 있으나 식당의 경우는 한번 자리를 잘 잡지 못하면, 즉 팔고자 하는 음식, 가격대, 주요 고객층 등과 어울릴 수 없는 잘못된 위치 선정을 하고 나면 제아무리 독창적인 마케팅을 한다 하더라도 정상적인 영업을 할 수 없는 것이다.

어느 성공한 외식 사업가에게 한 기자가 물었다.

"성공의 3대 비결을 무엇이라 요약하시겠습니까?"

"첫째도 위치, 둘째도 위치, 셋째도 위치입니다."

이 대답은 우리에게 많은 것을 시사한다. 그렇게 중요한 위치 선정 문제를 대충대충 결정하였으니 실패는 너무나 당연했다.

이후 나는 절대로 흔들릴 수 없는 원칙을 다음과 같이 확립해 놓고 단 한 번도 그 원칙에서 벗어나지 않게 되었다.

'위치가 당신의 마음에 100% 들지 않으면 차라리 사업에 투자할 자금을 은행에 맡겨 놓아라!'

'1년이 가고 2년이 지나는 한이 있더라도 점포를 열어야 하겠다는 초조감으로 50점 정도의 위치에 점포를 열려고 하지 말라!'

'100점이 아니면 시작도 하지 말라!'

셋째 실패 요인은 공격적 마케팅을 위한 시기를 놓쳤다는 점이다. 사업이란 누가 뭐라 해도 제로섬 게임(Zero sum game)이 되어야 한다고 나는 믿는다. 엄청난 자본을 투자하여 금리도 상회하지 못하는 수익을 올릴 바에야 무엇 하러 노심초사 사업에 매달리는가? 차라리 은행에 얌전히 넣어 놓고 이자만 받아 안정된 생활을 즐길 것이지 왜 사업은 한다고 판을 벌려 허구한 날 골치를 썩는가 말이다. 따라서 사업하는 사람은 겉으로는 수출 보국이니, 고용 기회를 늘리느니 성취욕이니 하지만, 내심으론 은행 금리보다는 더 많이 벌 수 있겠다는 야심으로 사업을 벌이는 것 아닌가? 그렇다면 당연히 공격적 마케팅을 위해 과감한 투자를 해야 한다. 그럼에도 나는 차일피일 시간만 끌다가 그 시기를 놓쳐 버리고 말았다. 개업 초기부터 대규모 광고전을 단기간에 걸쳐 극렬하게 벌여야 했음에도 소극적 광고 전략으로 허송세월을 하였으니 잘될 턱이 있는가? 그 당시 타코란 우리에겐 전혀 생소한 멕시코 음식이라 최우선 과제인 '타코란 무엇인가? 어떻게 먹는 것인가? 맛은 어떤가?' 등등의 여러 과제를 동시에 해결하려면 우선 고객에게 노출되어야 했다. 동시다발로 다수의 고객에게 노출되기 위하여는 TV 광고 등 과감한 투자가 뒷받침되어야 함에도 그달 그 달의 적자폭을 줄이기 위한 위축 경영으로 일관하였던 것이 치명적 패인이었다.

나는 1993년 10월을 기하여 〈타코벨〉의 2개 점포를 정리하였다. 많은 교훈을 남겨 준 경험이었다. 물론 손해도 상당히 보았고 실패했음을 인정하기 싫어 며칠 밤을 지새우며 고민했었다. 그러나 일단 결론이 '아니다.'라고 나면 누구 못지않게 빠른 행동을 취하는 장점을 아직도 잃지 않은 덕분에 더 이상 손해를 보지 않고 손을 떼게 되었다. 다만 그간 〈타코벨〉을 위하여 불철주야 노력해 왔던 간부들과 직원들 중 〈피자헛〉으로의 전직이 알선되지 않아 부득이 다른 직장을 찾아 나선 분들에게 죄송한 마음 금할 길이 없다.

어느 흘러간 유행가의 구절이 생각난다.

"그 시절 그 추억이 또다시 온다 해도, 사랑만은 않겠어요."

그러나 나는 다르다.

"그 시절 그 추억이 또다시 온다 하면, 멋지게 성공하겠어요."

경쟁해야 앞서간다

미국 외식 산업 분야의 선구자라 할 수 있는 K사의 최고 경영진으로 맹활약하던 W씨. 은퇴한 후 하와이에서 그야말로 신선 같은 생활을 하다 그 끼를 못 버린 그는 과감히 다시 현역에 복귀했다. 얼마 전 그를 만나 90년대 중반 이후 한국의 외식 산업에 대해 폭넓게 이야기할 수 있는 기회를 가졌다.

W씨의 강한 의문은 교역량으로 보면 세계 10위권 안에 드는 무역 대국인 한국에서 어떻게 아직도 공무원들의 제약이 그렇게 많이 존재할 수 있는가 하는 것이었다. 엄청난 예산의 투입에도 꿈쩍도 하지 않던 일자리 늘리기가 규제를 풀고 난 후에 폭발적으로 증가하고 있다는 보도도 있지 않은가?

그러나 이 문제는 상당히 미묘한 구석이 있다. 섣불리 잘못 말하였다가 막강한 권력을 가진 공무원들의 비위를 거슬러 괘씸죄에 걸려들면 이 땅에서 장사하기 힘들어질 테니까 말이다. 그렇다고 남들처럼 이 눈치, 저 눈치 계속 보다간 지난 10년이 그래왔듯 앞으로의 10년 또한 별 볼 일 없어질 것이다. 세계 최첨단의 반도체를 생산하는 나라이면서도 길거리에 나서면 안심하고 한 끼의 음식을 즐길 수 있는 식당 하나 없는 나라, 세계에서 가장 낙후된 식사 문화를 가진 나라라는 누명을 이제는 벗어야 한다.

즉흥 춤의 명수들

　전 세계 어느 구석을 돌아보아도 우리나라 공무원들처럼 순발력이 있는 공무원들은 찾아보기 힘들다. 새로 장관이 임명되면 며칠 지나지 않아 새로운 정책들이 발표되고, 특정 사안이 문제되면 그에 대한 대책이 재빨리 발표되곤 한다.

　도대체 어떻게 그렇게 빨리 대책을 세울 수 있을까?

　알고 보니 그들은 대책 Pool을 가지고 있다는 것이다. 책상 서랍만 열면 10년, 20년 전부터 써 왔던 각종 모범 답안이 잘 정비되어 있다는 얘기다. 산지 원유가격이 조금이라도 상승세를 보일라치면 각종 사우나 시설의 주 1회 휴일제와 정부 및 공공 기관 사무실의 여름 에어컨 사용 자제, 청와대에선 넥타이 매지 않는다고 대통령이 묘한 패션을 시범 보이자 그날로 일제히 복장을 통일하는 민첩함을 보노라면 저렇게 해야 밥 먹고 사나 하는 생각에 서글퍼지기까지 한다. 그러다가도 '아니, 누가 밥을 주는 거야? 밥 주는 사람은 국민인데, 국민이 싫어하는 저 짓을 강요하는 집단의 실체는 도대체 무엇인가.' 하는 분노의 심정마저 일곤 한다.

　이런 관폐는 요식업 분야도 예외는 아니었다. 1986년 아시안 게임, 1988년 하계 올림픽을 앞두고 정부는 각종 건설사업에 피치를 올리고 있었다. 그러던 중 묘한 고민이 그들을 엄습해 왔다. 외국인이 몰려온다고 호텔도 짓고, 길도 닦고, 운동장도 지었건만 그들이 식사하는 문제를 생각해 보니 한심하기도 했을 것이다. 이 땅에서 가장 낙후한 분야가 바로 요식업이었으니 말이다.

　실태 조사가 실시되고 각 방송 및 언론사에서도 특집 프로그램이 기획되었다. 조사 결과, 이 땅의 대부분 식당에는 도저히 외국인이 출입할 수 없다는 결론이 나왔다. 식당이라 할 수 있는 기본 면적부터 모자란다는 것이다. 그러니 주방을 보여 준다는 것은 상상도 할 수 없고 화장실 또한 상상을 초월한 수준이니 말이다. 여기에 이르자 공무원들의 순발력이 발휘되었다. 식당의 대형화, 오픈된 주방, 남녀가 분리된 수세식 화장실 등 이 모든 것을 위한 은행의 특별융자, 정부의 행정지도 등 각종 대책이 터져 나왔고 일선 공무원들은 뒷골목 식당들을 샅샅이 뒤져 가며 돈 쓰라고 성화를 부렸다. 제발 쥐꼬리만 한 음식점 하지 말고 크고 화려한 음식점 좀 하라고 말이다. 그 결과 서울의 강남 지역에 대형화된 음식점들이 들어서기 시작했고 그런대로 크고 작은 국제적 행사를 치러낼 수 있었다.

　그러나 올림픽 직후부터 불어닥친 불황의 여파로 풍선처럼 부풀어 올랐던 사회 각 분야를 재정비해야 한다는 여론이 일자 그들의 순발력은 또 한 번 발휘되었다. 연면적 100평 이상의 음식점은 호화 사치업소로 분류되며 각종 불이익을 받게 한다는 것이다. 언제는 제발 좀 크게 하라고 등을 밀어대더니 이제는 호화 사치업소라 하여 국가 경제의 공적이라는 것이다. 은행 대출도 어림없다는 것이다.

　성공적으로 치러진 평창 동계 올림픽 및 패럴림픽 후 사후 관리가 어찌될까 몹시 궁금하다.

음식 문화는 자랑인가? 금기인가?

경제 선진국하면 누구나 미국, 일본, 독일을 주저없이 꼽는다.
그러면 음식 선진국은 어느 나라인가? 이태리, 프랑스를 꼽아야 하지 않을까?
경제 선진국과 음식 선진국의 차이는 무엇일까?
경제 선진국은 열심히 허리띠 졸라매고 일하면 그 순위가 뒤바뀔 수 있으나, 음식 선진국의 경우에는 선진국, 후진국 할 것 없이 열심히 청결화하고 과학화하는 노력도 필요하지만 기본적으로 선조들로부터 문화적, 역사적 유산을 물려받지 않으면 제아무리 노력하여도 획기적 발전을 기대하기 어렵다. 이렇게 볼 때 우리의 7, 80년대의 경제 발전은 빈약한 천연 자원의 부족을 우수한 노동력과 저렴한 인건비로 보충함으로써 가능하였으나 최근 인건비의 턱없는 상승으로 한계에 부딪히고는 있다. 반면 우리 음식 문화는 현명한 선조들로부터의 풍부한 유산이 우리 앞에 지천으로 널려 있다고 볼 수 있다. 조금만 더 투자하고 연구하면 가장 빠른 시일 내에 선진국 수준으로 뛰어오를 수 있는 것이다. 이러한 문화적 유산이 정부 당국의 단견으로 제대로 승계, 발전되지 못하고 영락없이 후진국 소릴 듣고 있는 것이 안타깝다.
실제로 7, 80년대 중반 한창 수출 붐이 일고 있을 무렵, 한국을 처음 방문하는 외국 바이어들을 한식집으로 안내하여 우리 전통 음식을 소개하면 백이면 백 모두 우리 음식 문화의 독특함과 그 섬세함에 깜짝들 놀라곤 했다. 제아무리 열심히 돈을 벌어 부를 축적하여도 허구한 날 라면으로 끼니를 때운다면 바람직한 인생이라 할 수 있겠는가? 허구한 날 햄버거나 튀김 닭다리를 들고 살아야 하는 세계 최고의 부자나라가 실제로 있지 않은가 말이다. 불쌍한 나라다. 물려받은 것이 없으니. 때문에 그 나라에선 독특한 맛과 분위기를 가진 외국의 특색 있는 음식점이 실패한 예는 없다고 한다.

이제부터라도 늦지 않았다. 부단히 연구하고 투자하여 조상으로부터 물려받은 음식 문화의 전통을 이어받아 음식 선진국이 되어야 하겠다.

W씨와의 대화는 다음과 같이 결론지어졌다.

'맛있는 것을 먹고 싶어 하는 것은 인간의 가장 큰 욕구 중의 하나이며, 이와 같은 욕구를 당연한 것으로 받아들이는 사회 풍토가 조성되어야 한다. 또한 철저한 경쟁 원칙에 의한 자유기업의 분위기가 성숙되어야만 우리의 외식 문화는 선진화될 수 있다.'

정부 당국도 자신들이 계도하고 관리하여야만 요식업이 발달하고 건전한 음식 문화가 창달된다는 생각을 과감히 떨쳐 버려야 한다. 자본주의 사회에서 품질 개선의 가장 절실한 필요성은 경쟁에서 비롯된다. 경쟁에 의해 강자는 살아남고 약자는 사라지게 된다.

이건 바로 자연의 섭리이기도 하다.

써야 매뉴얼, 들으면 잡담

흔히들 외식 사업에서의 사업 성과는 매뉴얼의 두께와 정비례한다고들 한다.

세계 최대 외식 사업체인 〈맥도날드〉의 매뉴얼은 무려 몇백 가지. 거기에 내부 항목이 몇만 가지에 이르고, 그 운영 기술을 배우려면 그들이 세운 햄버거 대학을 이수해야만 한다고 한다. 미국 사람들도 대학을 무척이나 좋아하는 모양이다. 세계 최대, 최고의 업체이니 그럴 만도 하겠구나 생각되다가도, 어찌 들으면 괜스레 없는 사람 겁주려고 부풀린 이야기 같기도 하다.

도대체 햄버거 하나, 피자 한 판 만들어내는 데 몇만 가지에 이르는 운영 규칙을 알고 있어야만 한다는 주장에 전혀 동의할 수 없었던 나에게 그 소문의 진실성 유무를 검증할 기회가 주어진 것은 1984년 12월이었다.

미국 펩시코 본사와 정식으로 가맹점 계약을 체결하자 그들이 처음으로 제공한 것이 바로 '운영에 관한 지침서(Operation Manual)'였다. 그들이 어느 정도로 그들의 매뉴얼을 신줏단지 모시듯이 하는가는 그들과 체결한 기술 및 상표도입 계약서를 보면 알 수 있다. 계약서에는 매뉴얼에 관한 조항이 별도로 정해져 있다. 그뿐인가. 막대한 로열티를 지불하고 맺은 기술도입 계약서임에도 그들이 제공하는 매뉴얼의 소유권자는 미국 본사이다. 유사시 계약이 파기될 경우 가맹점은 그들이 제공받았던 매뉴얼을 한 부도 빠짐없이 반납하여야 하며, 계약 기간 중에도 수시로 본사 직원이 가맹점을 방문하여 매뉴얼의 보관 상태를 점검할 수 있다고 규정하고 있다. 즉, 가맹점이 되었다고 해서 매뉴얼을 주는 것이 아니라 빌려 준다는 것이다.

이 '운영에 관한 지침서'를 받아 들고 귀국한 나는 한 페이지 한 페이지 정독해 가며 그동안 가져 왔던 모든 의문이 확연히 해결됨을 알 수 있었다.

그들의 매뉴얼은 대략 다음과 같이 구분된다.

1. 운영에 관한 지침서(Operation manual)
2. 기계 및 설비에 관한 지침서(Equipment & Machinery Manual)
3. 마케팅에 관한 지침서(Marketing Manual)
4. 직원 교육에 관한 지침서(Training Manual)
5. 회계 실무에 관한 지침서(Accounting Manual)
6. 실내 장식에 관한 지침서(Décor Manual)

이 여섯 가지의 지침서를 보면 식당 운영에 관한 모든 것을 알 수 있게 되어 있다. 지침서의 내용은 고정되어 있는 것이 아니라 계속적으로 보완되고 변경된다. 바로 여기에 그들만이 가질 수 있는 장점이 있다.

즉 세계 전역에 걸쳐 만여 개가 넘는 점포에서 매일매일 수백만 고객을 접하며 발생하는 온갖 특이한 케이스의 경험을 정리하여 지침서에 반영하는 것이며 그것이 수십 년 계속되어 왔다면 그 내용이 얼마나 방대하고 또한 자세한 것인지 상상을 초월한다.

몇 가지의 예를 들어 보면 이렇다.

실내 장식에 관한 지침서(Décor Manual)를 보면 전체적으로 몇 가지의 다른 분위기로 실내 장식이 가능한지 큰 분류가 되어 있고 그 내부 세칙을 보면 입이 딱 벌어진다.

벽면에는 벽돌을 쓰도록 하되 벽돌의 크기는 가로 ○○cm, 세로 ○○cm, 폭 ○○cm로 한다. 벽돌과 벽돌의 사이는 ○cm 로 한다는 식으로 자세히 규정되어 있고, 심지어 A라는 타입의 실내 장식에서는 화장실 안내 표지판이 어떤 활자체이어야 한다고까지 정해져 있다. 따라서 이 지침서를 받아 든 순간, 실내 장식업자의 머릿속에 떠올랐던 수많은 창조적 아이디어는 헛꿈이 되어 버리는 것이다. 시키면 시키는 대로 해야만 하는 것이다.

심지어는 본사에서 보내온 사진을 걸어야 할 경우에도 어떤 모양을 한 못을 써야 한다고 적어 놓고 있으니 예술가적 창조성이 날개를 펼 공간이 있을 수 있겠는가? 예술가적 창조성은 지침서를 만드는 사람에게나 필요한 것이지 그 지침서를 받아 들고 식당 문을 열려고 하는 사람에겐 전혀 필요하지도 않을뿐더러, 만약에 있다면 걸림돌만 될 것이 뻔하다.

다른 한 예로 '운영에 관한 지침서' 중 종업원의 복장에 관한 항목을 살펴보기로 하자.

누구나 경영자의 입장에 서면 종업원들에게 단정한 복장의 필요성을 역설하게 된다. 그런데 '단정해야 한다'고 강조하다 보면 약간

허전해짐을 느끼게 된다. 즉 어떤 복장이 단정한 복장이고 어떤 복장이 단정하지 않은가의 판단을 상식적인 수준에서 할 것인지 아니면 그 상세한 예를 들어 가며 교육을 시켜야 할 것인지 망설이게 되는 것이다. 이럴 때 필요한 것이 지침서이다.

그들의 복장에 관한 지침서를 보면 여직원들의 경우 어느 정도까지 화장을 하여야 하는지, 팔찌나 반지를 착용하여도 되는지, 시계를 착용하여야 하는지, 심지어는 양말의 색깔, 머리 길이는 어찌하여야 하는지, 손톱 처리는 또 어떻게 해야 하는지가 일목요연하게 정리되어 있다. 따라서 지배인이 직원들을 상대로 교육 훈련을 할 경우 조금도 망설일 필요가 없다. 동시에 그들은 창조적인 아이디어로 옆길로 들어서지 않도록 하는 경고도 잊지 않고 있다.

다음은 가장 중요한 '제품'에 관해 살펴보기로 하자.

이는 운영에 관한 지침서 중에서도 가장 많은 무게가 실려 있다.

일례로 A라는 피자를 만들려면 몇 그램의 밀가루 판에 토마토소스를 몇 그램 칠하고, 치즈 몇 그램, 소고기 몇 그램… 등등을 얹어 오븐에 넣고 몇 분 후면 피자가 되어 나온다고 상세히 기술하고 있다. 단 밀가루 반죽의 레시피는 거의 극비 수준이다.

이런 에피소드도 있다.

몇몇 점포의 점장들이 안면이 있는 단골 고객이 오자 특별히 대접해 드린답시고 주방에 들어가 그 고객의 피자에는 치즈를 규정량을 훨씬 초과하여 듬뿍 뿌려 피자를 만들었다. 특별 대접을 받은 이 고객이 즐거운 표정으로 식사를 끝낼 수 있었으면 별문제가 없었겠으나 그 결과는 정반대였으니 문제였다. 즉 규정량 이상으로 치즈를 뿌리게 되면 그 치즈가 오븐 안에서 단열 역할을 하게 되어 치즈 밑에 있는 각종 재료에 열이 미치지 않아 거의 날것으로 나오게 된다. 그러니 그걸 먹어야 할 고객의 얼굴이 펴질 수 있겠는가? 단골 고객에게 특별 대접을 하고 싶으면 운영에 관한 지침서에 더욱더 충실해야 한다.

이렇듯 잘 짠 지침서가 있으면 일단 성공의 반은 확보하였다고 할 수 있겠으나 그러한 지침서란 대부분 외국 브랜드들만이 가지고 있는 것이니 외국과 기술 제휴하여 막대한 로열티를 지급하는 업체들만 지침서의 혜택을 누릴 수 있는 것이다.

그러면 우리들 스스로는 그와 같은 지침서를 만들 수 없을까? 물론 우리도 할 수 있다.

만들 수 있다면 어떻게 만들어야 할 것인가?

방법론에 들어가면 이 항목의 제목과 같이 '써야 매뉴얼, 들으면 잡담'이라고 할 것이다.

제아무리 잘 짜여진 〈맥도날드〉의 지침서도 누가 읽어 주고 단순히 듣기만 하면 '아, 그거야 당연한 것 아닌가.'로 치부하고 만담같이 흘려버릴 수 있다. 그러나 그 내용을 본인이 파악하고 운영에 반영하고 또 종업원에게 주지시키려고 하면 단지 '상식적인' 선에서는 어림도 없다. 따라서 일견 유치해 보이지만 업소에서 일어나는 모든 경우를 하나하나 동작 분석을 해가며 적어야 한다.

예를 들어 종업원들에게 전화를 친절하게 받으라고 말만 해서는 안 된다. 운영지침서에는 전화 응대법에 대해서 이렇게 한 자 한 자 나와야 한다.

'안녕하십니까? ○○집 ○○점 서비스 ○○○입니다. 무엇을 도와드릴까요?'

그것뿐이 아니다. '전화벨이 울리면 빨리 받아야 한다.'가 '전화벨이 3번 울리기 전에 받아야 한다.'고 적혀지면 그것은 벌써 훌륭한 지침서가 되는 것이다.

그날그날의 경험을 피부로만 느끼지 말고 머리로 끌어올려 늦은 밤 불빛 아래서 한 자 한 자 적어가는 경영주가 있다면 성공은 백 프로 보장받았다고 자신 있게 말할 수 있다.

점포 책임자는 영업 준비가 완벽하게 되어 있는지를 철저히 체크한 후 문을 열어야 한다는 지극히 상식적인 명제를 실천하기 위한 지침서의 한 예를 다음과 같이 들어 보았다.

개점 체크 리스트   ○○○○○○점   년 월 일 점검자   印

1. 건물주변 □ 주차장 및 건물 주변, 화단 □ 안내판 정리 □ 현관, 유리, 카펫
□ 셔터

2. 식당 □ 바닥 청결 □ 실내 로고, 조명, 전등갓 □ 테이블, 의자, 부스, 화분
□ 액자, 창문틀, 유리, 커튼 □ 히터/에어컨 상태작동 확인 □ 음료수 준비상태 □

접시, 유리컵, 포크, 나이프 청결 □ 테이블 정리 상태 □ 메뉴 준비상태 및 청결 □ 음악소리 적당, 분위기 맞게 □매장의 온도

3. 샐러드 바 □ 샐러드 바 청결유리 표면 □샐러드 바 배열 및 정돈상태 □ 샐러드 바 신선도 및 단지에 담긴 상태

4. 카운터 □ 환전 □ 금전등록기 확인 □ 계산서 지급, 계산서 잡부 기록 □ 전화상태 □ 카운터, 금전등록기, 전화기, 오디오 청결

5. 화장실 □ 바닥의 물기 제거 □ 거울 청결 □ 비누, 화장기 □ 세면대, 변기 청결 □ 휴지통, 재떨이 청결 □ 환풍 상태냄새

6. 직원관리 □ 직원 출근상태 □근무 위치 배열 확인 □ 직원 용모두발, 유니폼 청결 착용상태, 액세서리

7. 조리대 □ 바닥 청결각 기계 밑부분 □ 창틀, 환풍, 닥트, 벽면 청결 □ 후드 작동상태 □ 후드 청결상태 □ 각 선반 청결

8. 기계 관리

①오븐 □ 표면 청소상태 □ 온도, 스피드 □ 가스 점검

②냉장, 냉동고 □ 표면, 내부 청결상태 □ 보관제품 정리 상태 □ 작동상태, 온도

③반죽기 □ 표면 청결상태 □ 작동상태 □ 반죽 무게

④제빙기 □ 작동상태 □ 내·외부 청결 □ 필터 청결 □ 얼음 재고상태

창업자금 칠만 이천 원

⑤접시닦이 □ 세재상태 □ 린스상태 □ 내·외부 청결 □ 온도 □ 작동상태 □ 싱크대 청결 □ 온수기 작동상태

⑥ 주방, 일용품 □ 반죽그릇 □ 깊은 팬, 얕은 팬 청결 □ 분류대 청결 □ 계량컵 준비 □ 온도계 0점 조정 □ 토핑재료 그릇 청결 준비

9. 음식 품질

①피자 □ 토핑 재료 준비, 제조일 확인 □ 반죽 준비, 발효상태 □ 소스 준비, 제조일 확인

②파스타 □ 면 준비상태 □ 소스 준비상태, 온도 □ 미트 볼 준비상태 □ 접시 보온, 청결

③샐러드, 빵 □ 샐러드 재고 준비상태 □ 제조일 확인 □ 신선도 □ 브레드스틱 준비 □ 소스 재고

④창고 □물품인수 확인입·출고 □ 창고 정리 상태 □ 창고 물품 재고

10. 회합 내용 ①지시, 전달 사항 ②건의 사항 ③기타 사항

11. 교육 내용 ①교육내용 ②교육자 ③교육 대상 ④시간

입맛이 변한 걸까?

요즈음 길거리에 나서 보면 조금 목이 좋다 싶은 곳은 온통 식당으로 가득 차 있다. 그것도 전부 영어로만 표기된 외국 브랜드 일색이다. 그렇게 된 데에는 나도 일조를 하였기에 '우리의 거리가 왜 이렇게 변했으며 계속 앞으로도 이렇게 될 것인가?' 하는 의문에 꼭 답을 해야만 할 것 같다.

외국 브랜드 식당들은 그 개념 면에서 서로들 조금씩 상이한 면이 있다. 즉 햄버거 위주의 매장을 보면 그들은 분명 '간편식 식당(Fastfood restaurant)'이라고 할 수 있다. 그러나 같은 범주에 속하는 피자의 경우 '간편식(Fastfood)'은 아니다. 처음부터 끝까지 서브하는 직원이 음식을 날라 주고 치워 주고 하니 '전통적 식당(Conventional restaurant)'이라고 할 수 있으나, 또 그쪽으로 넣기에는 음식을 서브하고, 식사를 끝내는 시간이 종래의 그것과는 현격한 차이가 있으니 이를 '신속 서비스 식당(Quick service restaurant: QSR)'이라고 부른다. 같은 피자의 경우에도 백화점 같은 곳에서 조각 판매를 하는 소위 'EXPRESS'라는 점포는 햄버거류의 간편식 식당과 다를 바가 하나도 없다.

따라서 현재 국내에서 영업하고 있는 이들 식당을 운영 형태에 따라 달리 분류하지 않고 뭉뚱그려 서구식의 체인화 가능한 '간편식 식당'으로 규정하기로 하고 왜 그들이 이토록 번창하게 되었고 또 앞으로는 어떠한 형태로 발전되어 갈 것인가를 생각해 보기로 하자.

가끔씩 언론이나 방송에서 외식 산업에 대한 기사나 보도가 나오는 것을 보는데 그들 기사가 하나같이 우리 젊은이들의 입맛이 외국 브랜드에 의해 오도되어 가고 있다는 식의 주장 일색인 것은 유감스러운 일이다. 김치찌개, 된장찌개 좋아하면 애국자이고 민족주의자이고 또 건전한 사고방식을 가진 사람이고, 햄버거나 피자 좋아하면 정신 나간 매판 자본의 앞잡이에다 무분별한 외래 문물 숭배주의자로 분류해 가지고는 더 이상 논리의 진척이 있을 수 없다. 모두 다 짚신 신고 삼베 바지, 저고리 입는 수밖에 더 있겠는가?

1979년 롯데에서 일본의 롯데리아와 기술 제휴로 서울에 첫 점포를 열고 난 후 40년이 지난 지금, 이 땅에 아직 진출하지 않은 브랜드가 거의 없을 정도로 서울은 세계적 브랜드의 각축장이 되었다.

그들이 왜 이렇게 빨리 자리를 잡게 되었을까? 이웃 나라 일본을 보더라도 그들이 확고히 시장에서 뿌리를 내리기까지는 상당한 진통이 있었다는 것이다.

그 첫 번째 이유는 국내 업계가 그들의 공격에 완전히 무방비 상태였다는 점이다.

마땅히 가족들과 어울릴 공간이라야 특급 호텔의 식당이나 터무니없이 비싼 일식집이나 갈비집밖에 없는 실정이었다. 그런데 이들 외국 브랜드의 식당은 가족이 같이 어울릴 수 있는 공간에, 더 나아가 저렴한 가격의 음식을, 이국적인 분위기에서 즐길 수 있었으니 굳이 외국 브랜드라 하여 비난하고 외면할 이유는 없지 않았을까? 일본의 경우 70년대 초반 일본식 음식점들이 이미 상당한 수준에 올라 있었기 때문에 그 당시 상륙을 시작한 〈맥도날드〉나 〈KFC〉 등 서구식 간편식들은 치열한 경쟁을 거쳐 자리를 잡게 되었으나 한국의 경우는 솔직히 무혈입성이었다고 보아야 할 것이다. 햄버거나 치킨, 또는 피자가 전부 마찬가지였다. 전혀 경쟁이라고는 없었다. 다만 고객을 대상으로 제품에 대해 홍보하고, 점포에 들러 시식을 하게 하는 것이 시장 개척 활동의 전부였다. 햄버거를 들여놓고 그와 경쟁할 음식이 어디 있단 말인가? 치킨을 놓고 보더라도 그와 같이 저렴한 가격에, 산뜻한 분위기를 제공하는 통닭집이 하나라도 있었던가?

따라서 그들이 무혈입성하여 시장을 지배하게 된 것은 우리 자신이 우리 고유의 음식을 계승, 발전시키지 못하였던 탓이라고 보아야 한다. 더욱이 외국 브랜드들의 경우 다점포 방식에 의한 중앙구매의 집중화와 점포 관리의 과학화, 능률화로 경쟁력 있는 가격을 내걸고 있었으니 종래의 음식점들이 대항하기에는 매우 버거운 상태였던 것이다.

둘째로 독신 생활자의 증가 및 여성 취업인구의 증가를 들 수 있다. 80년대 초반부터 그간의 급격한 경제 성장에 따른 자유직업의 증가로 말미암아 새로운 직업이 제법 만만치 않은 소득을 보장해 주게 되었다. 따라서 이러한 직종에 근무하는 사람들에게 유행처럼 번진 독신주의 생활양식은 바로 이 땅에 들어서기 시작한 서구식 간편식과 정확히 맞아떨어지게 되었다. 또한 여성 취업인구가 늘어나게 됨에 따라 주부가 집에서 가사에만 전념할 수 있는 시간이 현격히 줄어들게 되었다. 주부가 맞벌이로 취업함에 따라 소득 수준이 급격히 향상되었고, 그 반대로 집에서 조리할 수 있는 시간이 줄게 되자, 자연히 가족 단위의 외식 기회가 많아지게 되었다. 더 많은 소득과 더 많은 외식의 필요성을 동시에 지닌 이러한 세대의 급격한 증가는 그와 같은 외식 산업이 성장할 수 있는, 더할 수 없이 좋은 토양을 제공했던 것이다.

셋째로 신세대 입맛의 변화를 들 수 있다. 60년대 후반부터 태어나기 시작한 신세대들의 경우 경제 개발의 혜택으로 어려서부터 치즈, 토마토케첩, 마요네즈 등 서구식 입맛에 익숙하게 자라나게 되었으며 이들이 가족 외식 결정에 중요한 역할을 차지하게 되면서 서구식 간편식은 황금기를 맞이하게 되었다. 40년대나 50년대에 태어난 세대들이야 치즈 같은 음식을 먹고 싶어도 먹을 수가 없었고, 나이 30이 넘어서야 치즈가 어떻게 생겼고 매우 느끼한 맛이라는 것을 알게 되었을 것이다. 그런 세대에게 햄버거나 피자를 식사로 대용하라는 것은 아무리 생각해도 무리인 것이다. 때문에 〈피자헛〉점포에선 휴일이면 이산가족의 비극을 종종 목격하게 된다. 멀쩡하게 한 가족이 같이 들어와서는 피자며 스파게티의 주문이 끝나면 40대 또는 50대의 부모는 일어서 나오며 값을 치른다. 자신들은 옆에 있는 냉면집에 다녀오겠다는 것이다.

내 경우는 좋으나 싫으나 열심히 먹어댔다. 덕분에 아이들이 자기들과 입맛이 같다고 무척이나 좋아들 했다. 젊은 아빠라고.

자, 그러면 이러한 외식 산업은 앞으로 어떤 방향으로 전개되어 갈 것이며 어떠한 요인이 승부의 변수로 작용할 것인지를 살펴보기로 하자.

70년대 초부터 80년대 중반의 활황기를 거쳐 2000년대 중반까지는 포화기가 될 것이라는 전망이 일반적이다. 따라서 철저한 기계화, 제조 공정의 단순화, 규격화 및 합리적 경영으로 시장을 선점했던 기존의 빅 브랜드들은 포화기라는 어려운 국면에 접어들 것이라는 이론이 거의 정설시되고 있다. 이를 뒷받침하는 근거로 국민 소득이 10,000불을 넘는 나라는 이미 거의 모두 개발 단계를 거쳤다는 데 있다.

따라서 이후의 외식 시장은 특정한 테마를 중심으로 한 세분화된 고객을 대상으로 하는 식당이 급성장할 것으로 보고 있다. 종래와 같이 가족 모두가 와도 좋고, 독신자들끼리 와도 좋고, 모든 계층이 다 함께 즐길 수 있다는 백화점식의 분위기는 더 이상 시장을 주도할 수 없을 것이다. 30 또는 40대의 사업가, 또는 2, 30대의 독신 남녀 등과 같이 몹시 세분화된 특정 계층을 대상으로 하는 '캐쥬얼 식당(Casual restaurant)'이 시장을 주도한다는 얘기다. 메뉴 역시 스테이크에서 치킨을 거쳐 피자에 이르기까지 없는 것 없이 나열하기보다는 해당 점포의 특성을 살린 메뉴를 중심으로 단순화시키되, 가격 면에선 경쟁적이고 품질 면에선 더욱더 고급화된 식당이 번창할 전망이다.

어찌 보면 가격 면에서 경쟁적이고 품질 면에서는 고급을 찾는다는 것이 이율배반적으로 들릴지 모르겠다. 그러나 국민 소득이 이미 20,000불을 넘어 30,000불에 근접하였다면 식사는 더 이상 생존을 위한 것이 아니다. 생활을 위한 식사의 단계에 접어들면 당연히 품질

면에서 고급을 선호하게 된다. 동시에 가격 경쟁력이 있어야 함은 소비자들의 소득 운용 면에서의 기술이 날로 향상되어 매사에 자신들이 쓰는 경비의 최대 효율을 찾고자 노력하게 되므로 가격 경쟁력이 없는 식당은 고객의 발길이 뜸해지게 될 것이기 때문이다.

알아야 면장을 하지

온 나라가 개방화, 국제화로 시끌벅적하다. 한쪽에서는 식수원 오염 사고가 우리의 간담을 서늘케 하는가 하면 한쪽에선 최순실의 국정농단사건이 우리를 망연자실케 하고 있다. 그런데도 정부는 '국제화' 신드롬에 걸려 무엇이 진정한 국제화인지에 대한 초보적 인식도 없이 모택동이 문화 대혁명 하듯이 외형적 국제화에 도취되어 있는 듯하다.

얼마 전 조선일보와 한국관광공사의 공동 기획으로 작성된 '국제시민의 길'이라는 연재 칼럼은 많은 것을 우리에게 일깨워주면서 동시에 행사용 구호로서의 '국제화'라는 용어가 얼마나 많은 오해를 낳고 또 우리를 오도하고 있나 하는 것을 알려 주는 계기가 된 것 같다. 그러나 그 칼럼에, 나로서는 이해할 수 없는 대목이 있어 지적해 보고자 한다.

이 연재 칼럼의 숙식 편을 보면 우리나라 사람들이 호텔 양식당에서 외국 바이어를 접대할 때 메뉴를 몰라 불필요하게 많은 비용을 지불한다고 쓰고 있다. 이어 "메뉴를 몰라 종업원에게 추천을 부탁하면 대개는 비싼 음식을 소개받게 되고 배불러서 못 먹을 정도로 주문하고⋯."로 쓰고 있다.

오랜 기간 요식업에 종사해 온 나로서는 너무나 어처구니없는 대목이다.

지난 십수 년간 무역을 위하여 세계 곳곳을 여행하며 외국의 바이어들과 수없이 많은 식사를 해본 경험과 국내에서 외식 사업체를 경영해 본 경험을 합쳐 얻은 결론은 다음과 같다.

가장 안전하고 경제적인 방법은 먼저 물어 보는 것이다. 물어 보는 경우에도 그냥 '가장 맛있는 메뉴가 어떤 것이냐?'는 식의 질문은 대개의 경우 효과를 거두기 어렵다. 주문하고자 하는 고객이 먼저 좋아하는 고기의 종류, 필요로 하는 양 및 원하는 가격 조건 등을 상세히 알려 주고 종업원이 구체적으로 메뉴를 추천하게 한다면 적어도 기본적으로 고객에게 봉사하고자 하는 마음가짐을 가지고 있는 종업원이라면 자기가 아는 한 최대한의 지식으로 추천하고자 노력하지 않겠는가?

실제로 내가 경영했던 〈피자헛〉이나 〈로터스 가든〉, 〈타코벨〉 그리고 그 이후 개업한 〈케니 로저스 로스터스〉 등 그 어느 업체의 교육 훈련 교재에도 추천을 의뢰하는 고객에게 가장 비싼 메뉴를 권하라는 내용은 없다. 그 반대로 추천을 의뢰하는 고객에게 더욱더 상냥하게 우리 업소의 가장 자신 있는 메뉴를 설명해 드리도록 교육시키고 있다.

우리가 누구보다 잘 알고 있는 우리 고유의 음식도 식당에 가면 물어보고 주문하는 것이 상식이거늘 잘 알지도 못하는 양식의 경우에는 두말할 필요도 없는 것이다.

따라서 세련된 주문법의 발전 3단계를 내 경험으로 보면 다음과 같이 나눌 수 있다.

> 1단계: 모르면서 물어보지도 않고 옆 사람과 같이 주문한다. "같은 걸로…."
> 2단계: 부단히 공부하고 경험하여 물어보지 않고 스스로 주문하지만 자기가 지불하는 요금의 최대한의 효능을 누리지 못한다.
> 3단계: 주방장 또는 매니저와 토의하여 그들로 하여금 그들의 전문성을 충분히 발휘할 수 있는 기회를 주고 지불하는 요금의 효능을 충분히 누린다. 이 단계야말로 가장 국제화된 매너인 것이다. 최고의 '가성비'가 아닐까?

'국제화'한 지 몇 년 되지도 않아 '세계화'를 부르짖어야 하는 마당에 양식 먹는 법, 양식 주문하는 법을 배우기 위해 별도의 과외 공부까지 해가지고서야 곧이어 '우주화'(?)가 튀어나온다면 따라가다 지쳐서 쓰러지고 말 것이다. 섣불리 알면 면장 노릇도 하기 어려우나 정확히 알면 장관도 할 수 있는 것 아닐까?

최고의 서비스는 채용하는 것

요즈음과 같이 산업사회가 고도로 신속화, 정밀화되어 가는 시대에는 사람이 일을 하는 것인지, 아니면 기계가 일을 하는 것인지 모를 정도로 가치 체계가 흔들려 버렸다. 그러나 이런 주장은 제조 분야에서는 상당한 설득력을 가질 수 있으나 서비스 분야에서까지 그러하진 않은 것 같다.

물론 서비스 분야, 특히 외식 산업 분야에서도 컴퓨터와 정보통신 기술이 현업에 종사하는 사람들의 일손을 상당히 덜어 주고 있기는 하였으나 직원과 고객과의 대화마저 기계가 대신해 줄 수는 없는 노릇이다.

세계적인 외식체인점에서는 피크 시간대에 고객들이 줄을 서서 기다리는 고통을 없애기 위해 매장 곳곳에 우리가 흔히 볼 수 있는 '현금 자동 인출기' 비슷한 모니터를 설치해서 고객이 직접 주방에 주문을 할 수 있게 해놓고 있다. 그러나 음식을 받고 계산을 하는 과정에서의 직원과의 만남마저 생략할 수는 없다. 그토록 최첨단의 설비 투자를 막대한 예산을 들여 해놓았다 하더라도 계산을 치르는 직원이 무뚝뚝하고 불친절하게 고객을 대했다면 그 모든 투자는 효용성을 잃어버리고 만다.

직원에 의한 서비스가 이토록 중요한 것이기에 거의 모든 식당에서는 직원들의 친절 교육에 상당한 비중을 두고 막대한 예산을 들여가며 교육을 강화하고 있다.

그러나 여기에서 우리가 주목해야 할 명언이 있다.

'최고의 서비스는 훈련되거나 배울 수 있는 것이 아니라 채용되어야 한다.(The best attitude can not be trained or learned. It should be hired.)'

즉 원래부터가 활달하고 잘 웃으며 사람과 이야기하기 좋아하는 그런 외향적인 성격의 소유자가 아니면 제아무리 서비스 교육을 강도 있게 실시하여도 고객 앞에서 웃는 얼굴로 좋은 서비스를 할 수 없다는 말이다. 따라서 서비스 업계에서는 채용 시 철저히 성격 테스트를 실시하여 외향적이고 적극적이며 활달한 성격의 소유자를 채용하여야 한다. 이런 자질을 가진 사람을 다이아몬드 원석이라 한다면 채용 후의 각종 교육 훈련 과정은 정제, 가공 기술에 해당하는 것이다. 화강암을 제아무리 세련되게 다듬는다 하여도 그것이 다이아몬드나 사파이어가 될 수는 없는 것이다.

그러면 어떻게 다이아몬드 원석과 화강암을 구별할 수 있는 것일까?

충분한 시간과 충분한 지망자만 있다면 그들을 시간제 사원으로 채용하여 근무 태도를 예의 관찰한 후 일정 시간이 지난 후 정식 사원으로 채용하는 방법이 가장 바람직한 것이긴 하나, 요즈음의 현실이 수요자 주도형이 아니라 공급자 주도형인 관계로 몇몇 대기업의 경우를 제외하고는 그런 방법을 채택할 수가 없다. 그리고 지망생에 대해서는 가급적 빠른 시간에 정확한 판단으로 채용 여부를 통보해 주어야 한다. 필기시험을 통해 외향적인 성격인지 아닌지를 판별할 수는 없고, 면접시험을 통해 가려 볼 수밖에 없다. 그렇다고 무한정

길게 면접을 할 수도 없는 노릇이니, 이때 우리가 의존할 수 있는 가장 신빙성이 있는 방법은 바로 '관상'이 아닐까 한다.

각종 TV 프로그램이나 언론 매체에 보도되는 범죄자들의 얼굴을 보노라면 '어떻게 한결같이 그토록 음험한 관상을 가진 자들만이 범행을 하는 것일까?' 하는 생각을 하게 된다. 범인이라는 선입관 때문에 그렇게 느끼는 것만은 아닌 것 같다. 인간은 조물주의 최고 걸작품이란 말이 증명해 주듯이 제아무리 선한 모습의 얼굴이라 하더라도 숱한 세월을 그늘에서 지내 오면 그 모습이 환경에 맞게 변해 가기 때문이다.

얼굴 중에서도 제일 환경에 잘 적응하는 부문이 바로 눈이다. '눈은 마음의 창'이라고 하지 않던가.

이제 내가 개발하여 애용했던 면접 방법을 공개해 보려고 한다.

한 회에 약 30명의 현장 직원을 채용하려면 우선 서류 심사를 통해 약 120명을 추려 면접을 실시한다.

1 대 1의 면접이 가장 바람직하기는 하나 면접 담당자의 과중한 시간 부담을 생각하면 별로 현실적인 방법이 되지 못한다. 따라서 그룹 면접을 시행한다. 4명 또는 6명을 한 조로 하여 면접 위원은 최소 2명으로 하고 지망생들에게 부담 없이 토론할 수 있는 간단한 주제를 주고 토론케 하거나 면접 위원들이 순서에 의하지 않고 자유스럽게 질의응답을 진행해 나가게 한다. 그 사이 나는 시험장의 한 구석에 앉아 그들의 관상을 보는 것이다. 토의 중, 또는 응답 중의 그들의 눈을 자세히 보면 상당한 깊이까지 그들의 성격을 파악할 수 있게 되는

것이다.

이 관상도 10여 년 보다 보니 그런대로 이골이 났다.

음식점 그만두면 동숭동 대학로에 나가 좌판만 벌리면 관상으로 생계는 유지할 수 있겠구나 싶다.

걸어 다니는 장식물

미국의 테네시주 내슈빌에 가면 도심 한복판에 〈아메리고(Amerigo)〉라는, 이태리 계통의 파스타를 주로 파는 식당이 있다. 점심 시간대인 낮 11시 50분경부터 2시경까지, 그리고 저녁 시간대인 6시부터 10시까지 식당 밖 인도로 고객들이 줄지어서 기다리는 풍경으로 소문이 자자한 식당이다.

건물이 화려하게 외장된 것도 아니고 실내 장식에 거액을 투자하여 호사스러운 것도 아니나 이 식당에 발을 들여 놓은 그 순간 고객들은 그 독특한 분위기에 매료되게 되어 있다. 아니, 매료된다기보다 압도된다는 것이 정확한 표현일 것이다. 그것은 다름 아닌 종업원들의 유니폼이 연출하는 분위기 때문이다. 그들의 유니폼은 유별나게 노출이 심하다든가 아니면 특이한 디자인이 아니다. 단지 그들은 남녀 구분 없이 흰색 Y셔츠에 짙은 색 바지 또는 치마, 그리고 흰색 면으로 된 앞치마를 착용하고 있을 뿐이다. 그나마 하의는 종업원들이 평소에 입는 사복을 허용한다고 한다. 짙은 색의 면바지를 권한다. 청바지는 안 된다.

그런데 무엇이 그들의 모습을 특별나게 하는 것일까? 그들의 Y 셔츠는 흰색이되 '너무너무' 하얗다 못해 푸르기까지 하다. 그것도 언제나. 근무 중에 조금이라도 음식이 묻거나 착색이 되면 즉시 종업원 락커에 가서 갈아입고 나와야 한다.

그 식당에서 단정한 종업원들의 유니폼은 테이블에 깔린 흰색 테이블보와 어울려 훌륭한 실내 장식이 되고 있었다. 이렇듯 종업원들이 걸어 다니는 장식물 역할을 충실히 수행하고 있으니 그 식당의 청결도나 음식의 맛에 고객이 얼마나 후한 점수를 줄 것인지는 자명한 것이다.

무뚝뚝한 표정에, 언제 빨았는지 온통 기름때투성이인 유니폼을 입고, 내던지듯 음식을 나르는 종업원들을 쳐다보며 쫓기듯 허겁지겁 한 끼를 때우고 나가야만 하는 우리의 현실을 더 이상 '그러려니' 하고 체념하듯 받아들여서는 안 된다. 이제 우리도 〈아메리고〉와 같은 식당에서 손님 대접다운 대접을 받아가며 한 끼를 즐길 수 있어야 하지 않을까.

여건이 허락하면 다시 한번 들러보고 싶다. 아직도 그렇게 깔끔한 유니폼을 입고 있을까?

백 개의 삶은 계란

얼마 전 모 월간지에서 읽은 에피소드 하나.
1950년 6.25 전쟁이 발발하자 우리 군에서는 일면 북한군과 치열한 전투를 벌이면서 한편으론 장래가 촉망되는 유능한 청년장교 백여 명을 미국으로 파견, 군사 교육을 받도록 했다고 한다.

미국에 도착한 우리 장교단이 첫날 식사 시간을 맞았다. 일렬로 트레이를 들고 카페테리아에 들어가서 입에 맞아 보이는 음식을 골라 담아 나가고 있었다. 배치한 음식의 맨 끝에서는 주방장이 기다리고 있다가 계란요리를 담아 주고 있었다.

"Fried or boiled?(계란 프라이? 아니면 삶은 계란?)"

당연히 물어 오는 질문이었다.

"Boiled."

맨 앞줄의 장교가 답했다. 그러자 줄줄이 100여 명이 모두 'Boiled!' 하더란 것이다. 적당히 비례로 준비했던 주방장은 너무너무 혼이 난 나머지 다음 날은 미리 한국군 장교를 위해 삶은 계란을 백여 개 준비하고 자신만만해 하였다. 그러나 다음 날 아침 맨 앞의 장교는 'Fried!'라고 하였고 100여 명 모두 프라이로 주문했다고 한다. 삶은 계란을 준비했던 주방장은 차갑게 식어 버린 계란을 처분하느라 혼이 났다는 이야기이다.

대부분의 피자집에 있는 메뉴를 찬찬히 살펴보면 '콤비네이션'이니 '슈퍼 슈프림'이니 하는 피자도 있으나 자기가 특별히 좋아하는 재료로 피자를 만들어 먹을 수도 있게 되어 있다. 그러나 실제로 영업 결과를 분석해 보면 자신이 좋아하는 재료를 따로 선택하는 경우가 1% 미만임을 알고 놀랄 수밖에 없었다. 외국의 경우는 두 사람이 와서도 서로 좋아하는 재료를 선택하여 반반씩 만들어 즐기는 경우까지 있는데 말이다.

　내가 경영했던 중국 음식점의 경우도 예외는 아니어서 가족이나 단체모임의 경우, 외국인들은 각자가 좋아하는 음식을 서로 말하고 여럿이 섞어서 주문하여 식사하는 것이 상례이나, 우리나라 고객의 경우 식사값을 지불하는 사람이 일방적으로 음식 주문을 하고 다른 사람들은 묵묵부답 무조건 따라서 식사하게 된다. 양식당의 경우에도 한 사람이 먼저 주문하면 나머지 고객은 '나도 같은 걸로'로 의견 통일을 하는 것이다.

　우리는 흔히 일본인을 비하해 이야기할 때 해외 관광길에 나선 그들의 깃발 이야기를 한다. 그러나 실제로 우리의 식사 행태를 보면 그들의 깃발보다 훨씬 더 '남 따라 하기'를 보게 된다. 그야말로 철저한 무개성이며 이것이 바로 이 땅에 수없는 독재를 가능케 했던 주된 원인이 아닐까 생각된다. 굳이 정치적 독재만이 아니라 문화적, 사회적, 경제적, 심지어는 종교적인 측면에서도 자세히 살펴보면 분명 해방 이후 이 땅에는 수없는 독재가 존재해 왔음을 알 수 있다.

　개방화, 국제화의 시대에, 하고 많은 시절 남 따라 하기에 이골이 났을 테니 이제는 개성화의 시대를 열어 가야 하겠다. 나만이 가지고 있는 개성으로 내 목소리를 낼 수 있어야만 국제 경쟁력도 갖출 수 있는 것이다.

　자, 오늘 이 순간부터 '나도 같은 걸로'가 아닌, 내가 먹고 싶고 하고 싶은 것을 선택하는 개성화의 시대를 열어 가자. 프라이한 계란이나 삶은 계란도 좋지만 가끔은 반숙도 먹어 보자!

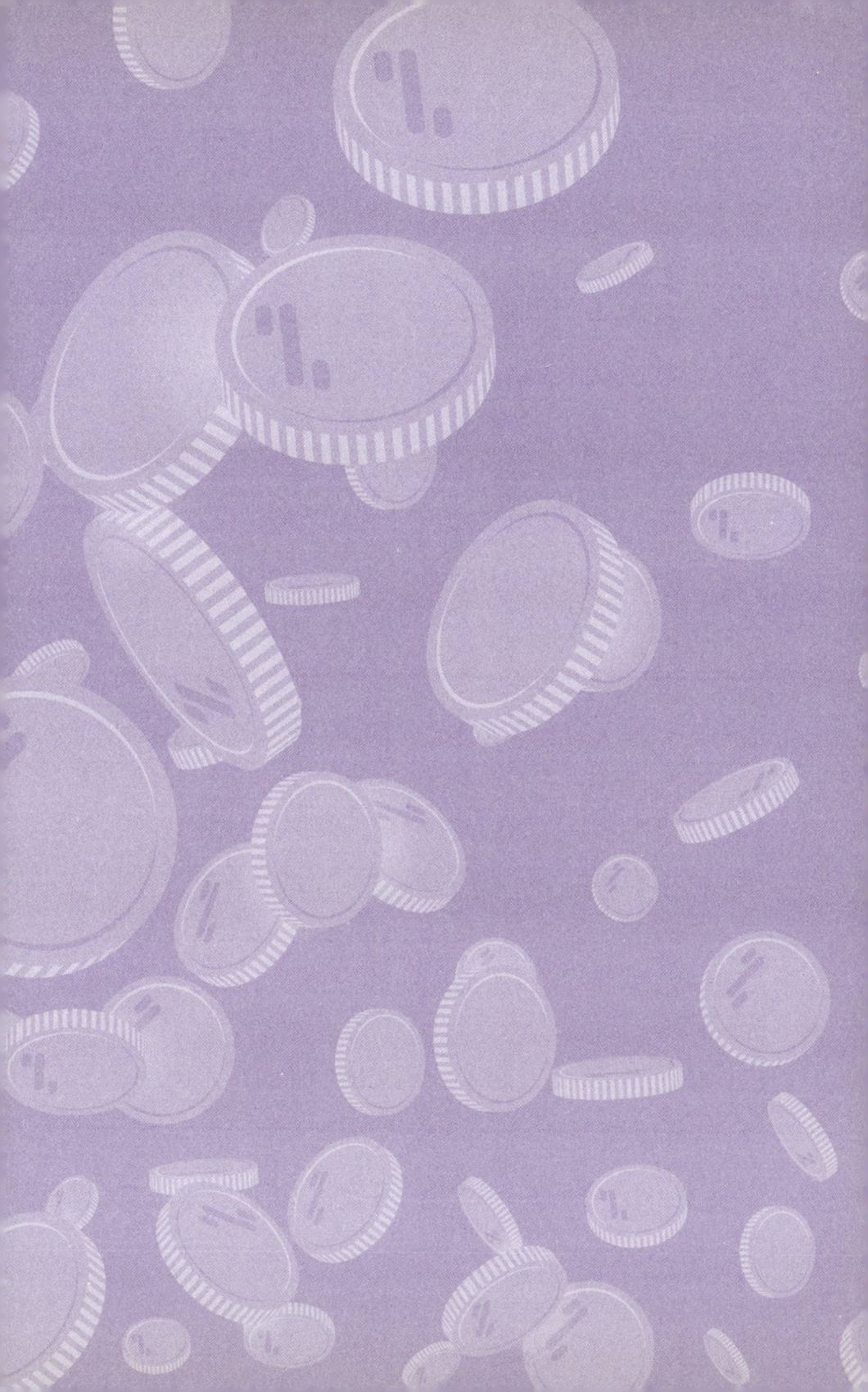

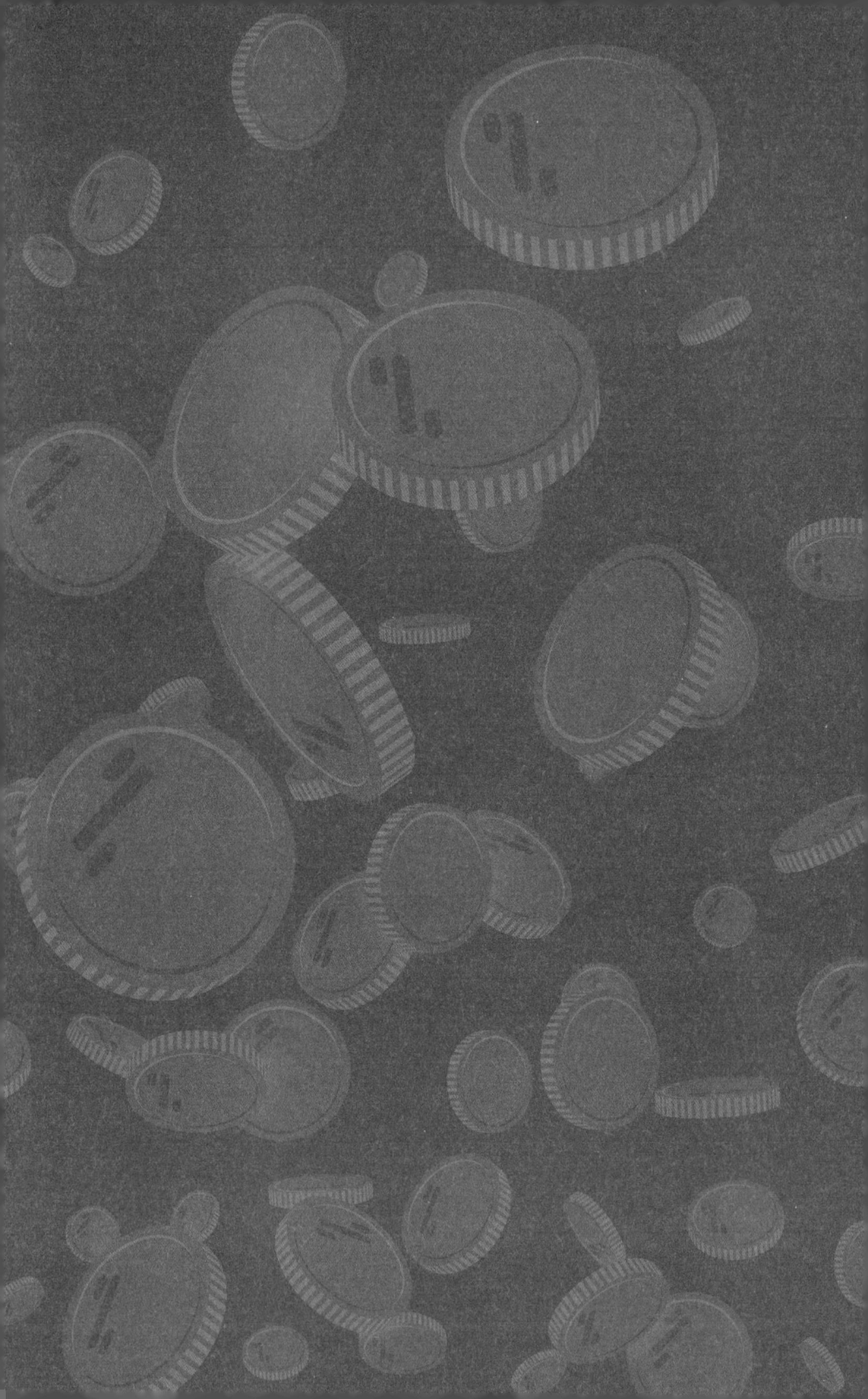

001

영원한 고민, 서비스

1. 영원한 고민, 서비스

영원한 고민, 서비스

내가 외식업체를 직접 경영해 본 지난 세월을 단순히 경영 수치로만 평가하면 상당한 성공을 거두었다고 할 수 있겠으나 경영의 내면을 깊이 들여다보면 수많은 도전에도 불구하고 실패만 거듭하여 가슴에 응어리로 남은 분야가 여럿 있음이 사실이다. 그중에서도 특히 나의 가슴을 아프게 하는 것이 소위 '서비스'라는 것이다.

1985년 첫 영업을 시작하였을 때 나는 "우리나라에도 이렇게 서비스가 좋은 식당이 있단 말인가?"라는 찬사를 들었다. 그러나 어느 때부터인가 "그나마 맛이 좋으니까 이용하지, 서비스 생각하면 두 번 다시 가고 싶지 않다." 하는 비판을 듣기 시작한 것이다. 실제로 서비스가 좋다는 평을 들을 때는 1985년과 1986년의 2년 정도였다. 그 이후 1993년 6월, 회사를 매각할 때까지도 나는 서비스를 개선하기 위해 수없이 많은 시도를 해왔다.

'도대체 서비스란 무엇인가?'
'왜 서비스가 나빠졌는가?'
'직원에 대한 교육 훈련에 문제가 있는가?'
'직원들의 근무 환경에 문제가 있는가?'

'서비스 감시제도에 문제가 있는 것은 아닌가?'

심지어는 '직원들의 자질 자체에 문제가 있는가?'까지 검토해 봤다.

오늘 이 시간까지도 뚜렷한 결론을 내리지 못하고 이 글을 쓰고 있는 내가 한심하게 느껴지고 무책임하게도 생각된다.

그러나 〈피자헛〉을 매각하고부터 〈케니 로저스 로스터스〉 사업을 새로 시작하기 전까지 수개월 동안 현업을 떠나 비교적 조용한 시간을 가질 수 있게 되었고, 그동안 하였던 일들을 제3자적 입장에서 돌아보고 평가할 수 있게 됨에 따라 완전한 해결책은 아니더라도 체계적으로 '보다 나은 서비스'라는 목표에 접근할 수 있는 방법을 찾게 되었다.

이제는 토탈 서비스시대

우리 사회가 점차 고도의 산업사회로 발전해 감에 따라 산업분류 상의 서비스 산업의 비중이 높아지며 취업인구 분포에서도 서비스 산업의 인구가 제조업을 능가하는 선진형 구조를 취해 가고 있는 것이 사실이다.(그러나 일부 언론의 선정적 논조로 인하여 서비스 산업하면 무조건 술집, 안마 시술소를 연상하는 폐단도 있다.)

따라서 '서비스'에 대한 학문적 연구가 심도 있게 진전되고 학자에 따라 제각기 독특한 정의를 내리고 있다. 학문적 배경이 전혀 없는 사람들이 읽으면 도무지 감이 잡히지 않는 어려운 내용들이다. 그런데도 불구하고 우리는 '좋은 서비스'야말로 우리 사업의 사활이 걸린 중요한 문제임을 본능적으로 간파하고 있다.

외식 산업에 종사하는 우리들에게 서비스란 '음식을 보다 더 많이 팔기 위하여 고객에게 제공하는 유형 또는 무형의 행위'라고 할 수 있다. 매장에 들어선 고객을 맞이하고 자리에 안내한 후 주문을 받고 음식을 제공하는 행위뿐만이 아니라 지리적으로 떨어진 지역의 고객을 위해 배달을 하거나, 그 지역의 고객을 위해 빠른 시일 내에 점포를 개설하려는 노력까지도 우리는 포괄적으로 서비스라고 규정하여야 한다. 그래야만 오늘날과 같은 치열한 경쟁사회에서 살아남기 위해 필요한 '토탈 서비스(Total service)'에 접근할 수 있다.

왜 서비스가 나빠지는가?

'서비스라고 하는 것이 무엇인가?'에 대한 해답이 찾아졌으면 다음으로는 '왜 그것이 나빠지고 있는가?'에 대하여 생각해 보아야 한다. 그래야만 좋은 서비스를 위한 방법이 찾아질 것이기 때문이다.

첫째로, 시장 구조의 시대적 변화에 대한 부적응을 들 수 있다.

70년대까지의 세계 경제는 제조업 위주의 산업 구조였다. 어떠한 물건이든 없어서 못 파는 상황이었기 때문에 더 많이, 더 비싸게 팔기 위한 노력이 서비스의 차원에서가 아니라 제조의 차원에서만 있어 왔다. 그러나 70년대 이후 풍요한 삶에 대한 기본적 욕구가 충족되자 소비자들은 그들이 지불하는 화폐 가치의 극대화에 신경을 쓰기 시작하였다. 그들은 같은 가격대의 TV 수상기라도 기왕이면 쓰기에 편한 모델을 선택하기 시작하였고, 같은 값의 음식이라도 접근하기에 편하고 분위기가 조금이라도 더 아늑한 식당을 찾아 즐기게 된 것이다.

이러한 시대적 변화를 감지하지 못하고 구시대적 경영으로 일관하는 기업주는 오래 가지 않아 시장에서 그 모습이 사라지게 되어 있다. 따라서 나빠진 서비스에 대한 일차적 책임은 누가 뭐래도 경영주에게 있는 것이다. 좋은 서비스를 향한 출발은 경영주의 철저한 반성에서 시작된다고 하겠다.

둘째로 유능한 종업원 확보의 한계를 들 수 있다.

실제로 수많은 분들이 낙담하는 분야가 바로 종업원의 자질 문제이다. '식당 종업원'이라 하면 아무리 직업의 귀천이 없다 해도 좋은 직업군에 속하지는 않는다. 이렇게 사회적 인식이 낮음으로 인하여 우수한 인재가 모이지 않게 되고 그렇기 때문에 많은 비용을 들여 교육 훈련을 실시하여도 별 성과가 나타나지 않는 것이다. 자연히 서비스는 개선되지 않고 '식당 종업원'에 대한 인식은 점점 더 나빠지게 되는 일종의 악순환이다.

그럼 어떻게 하면 우수한 인재를 채용할 수 있을까?

미국 내에서 우수한 서비스로 성공한 101개 기업을 분석하여 그 비결을 찾아보려는 시도로 쓰인 『Service edge』라는 책에 의하면 '보다 좋은 급여와 보다 강도 높은 훈련'만이 우수한 서비스를 고객에게 제공할 수 있는 유능한 인재를 끌어들이는 방법이라고 이야기하고 있다.

그러나 실제로 이 방법이 말처럼 그렇게 단순하지 않은 데 문제가 있다. 급여란 상당히 미묘한 부분이어서 오르기는 쉬워도 내리기는 거의 불가능하다. 음식점 식자재의 경우 자재 비율이 상승하다가도 시장 상황에 따라 하락하기도 하나 이 인건비는 영업이 되든 안되든 항상 일정 금액이 지출되어야 하는 것이다. 경영주의 입장에서 보면 임금의 절대금액이 문제가 아니라 전체 매출에서 차지하는 비율이 문제이기에 우리는 두 갈래 갈림길에 서게 된다. '매출을 올려 인건비의 비율을 낮출 것인가?' 아니면 '인건비의 절대금액을 낮추어 인건비의 적정 비율을 유지할 것인가?' 이런 질문을 하면 누구나 쉽게 첫 번째 방안을 채택해야 한다고 할 것이다. 그러나 그건 너무나 당연해 보이지만 동시에 너무나 비현실적인 방안이다. 첫 번째 방안과 같은 과감한 공격적 방법을 택한 업주의 경우, 실제로 매출이 떨어지게 되면 대부분이 매장에서 절대 필요한 인력만 남겨둔 채 나머지 인력을 해고함으로써 경영 압박을 덜려 한다. 우수하지 않은 인력을 채용하여 당장의 인건비 비중이 낮아진다 하더라도 장기적으로는 잦은 이직으로 인한 업무의 공백, 잦은 신규채용으로 인한 모집비의 증가, 신규채용 사원의 교육 훈련비 증가, 좋지 않은 서비스로 인한 매출의 감소 등을 감안하여 인건비의 비중을 계산해 보면 그것이 결코 정답이 아님을 알 수 있다. 다행한 것은 인터넷의 폭발적인 보급으로 다양한 일자리를 찾는 구인과 구직의 공급과 수요를 저렴한 비용으로 연결해 주는 사이트가 많은 역할을 해주고 있다.

보다 나은 급여의 지급은 단순히 그 하나만으로 효과를 나타내기보다는 평생직장으로서의 성취 가능성이 함께 보장될 때 더 큰 효과를 나타낼 수 있다. 평생토록 한 곳에 머물 경우, 10년이 지나고 20년이 지나도 신입 사원이 지배인이 될 수 있는 가능성이란 지배인의 이직 또는 사망뿐이라면, 어떻게 앞날을 기대하며 근무할 수 있겠는가? 따라서 이익금의 상당 부분을 성장을 위하여 재투자하는 업주의 기업가적 정신이 같이하지 않는 한 단순히 보다 나은 급여로 유능한 인재가 모이리라고 속단해서는 안 된다.

셋째로 종업원의 근무 환경을 들 수 있다.

몇몇 음식점을 제외하고 대부분의 음식점들은 종업원들의 근무 환경에 대한 투자를 전혀 고려하지 않는 것 같다. 일급 지역의 특A급 점포의 경우 평당 수천만 원을 호가한다. 점포의 평균 크기가 초대형이라야 50평에서 100평 사이임을 감안하면 5평의 공간(약 5%~10%)을 종업원에게 할애할 업주가 과연 몇 명이나 되겠는가? 유명 백화점의 경우에도 웃음을 잃지 않는 종업원들이 정말 용하다 싶은 생각까지 든다. 일류 백화점이 그럴 정도이니 일반 음식점은 어떠하겠는가? 사무직과 달리 음식점 종업원은 근무 시간의 대부분을 서서 근무하여 상당한 신체적 에너지를 소모하게 된다. 따라서 쉽게 피로하게 되며 피로하면 제아무리 강도 높은 훈련을 하더라도 웃음이 나올 수 없게 되는 것이다.

공간이 아깝기야 하겠지만 화장실의 경우 반드시 종업원들이 고객과 한 화장실에서 맞닥뜨리게 해서는 안 된다. 제아무리 종업원이 깨끗이 화장실을 사용하고 나가는 모습을 보여 준다 하더라도 그 종업원이 자기가 먹을 음식물을 나르는 것을 연상하면 유쾌한 느낌이 들 수는 없는 법이기 때문이다. 식사 교대 시간이나 휴식 시간에 종업원들이 매장 안이나 또는 매장 주변을 어슬렁거리는 모습을 보여서도 안 된다. 그렇게 하기 위해서라도 최소한의 휴게 시설은 필요하다.

또한 공간을 항상 차지하지 않는 조립식 다림질 기구도 준비해두기 바란다. 당연히 종업원들은 지급받은 유니폼을 세탁소나 집에서 다림질을 하도록 교육받고 있으나 현실은 그렇지 못하다. 작은 투자이지만 의외로 상당한 성과를 볼 수 있다.

투자면에서 1층, 단층 매장의 경우 엄청나게 비싼 임대료를 지불해야 할 업주의 입장에서 종업원의 휴게 시설에 대한 투자가 망설여질 수 있다. 그러나 1층과 2층이 실내로 연결된 매장으로 할 경우 임대료가 비싼 1층의 면적을 줄이고 상대적으로 싼 2층의 면적을 많이 늘려 충분한 종업원 휴게 시설을 설치하는 것도 한 방법이다.

넷째로 적절하지 못한 교육 훈련을 들 수 있다.

외식 산업이 이 땅에 뿌리내린 지 불과 삼십여 년밖에 지나지 않은 관계로 종업원들에게 교육 훈련을 시키려고 하여도 충분한 교수 요원도 없고 교재도 부족한 것이 현실이다. 어려움을 딛고 몇몇 업체에서 외국의 매뉴얼을 번역하고 우리 실정에 맞게 수정하여 그럭저럭 교재의 형태를 갖추어 가고 있으며 수차례에 걸친 해외 연수를 통해 교수 요원들도 구색을 갖추어 가고 있는 모습을 보게 된다. 교육 기간도 현업 보충에 급급한 단기교육이 아니라 3주 이상씩 소요되는 중기교육이 보편화되어 가며 그 기간도 점점 늘어 가는 추세에 있다.

그러나 3주가 아니라 3개월에 걸친 집중적으로 강도 높은 교육 훈련을 실시하여도 그 모든 노력을 허사로 돌리는 데 필요한 시간은 단 하루도 안 걸린다는 데 우리의 안타까움이 있다. 이것은 나도 무수한 경험을 한 바 있다.

신입 사원에게 서비스 훈련을 시키며 우리는 '서비스 10단계'라는 용어를 쓴다. 문 앞에서 "어서 오십시오." 하며 고객을 맞아 음식을 서브하고 고객이 계산을 마치고 나가실 때 "안녕히 가십시오. 또 찾아 주십시오."라는 인사말을 할 때까지의 단계를 10단계로 세분하여 종업원에게 단계별로 암기하게 하고 실천 훈련을 통해 몸에 배게 하는 훈련이다.

또는 주방에서 조리하는 직원에게 정확히 공정별로 무게를 달아 확인하고 조리를 하게 하려고, 컵에 꽉 채우면 정확히 무게를 유지할 수 있도록 작은 컵을 특수제작, 비치하여 여하한 경우에도 손으로 집어 대충 느낌으로 조리하지 못하도록 훈련을 시키는 것이다. 3주간에 걸친 교육 훈련을 마치고 현장에 배치된 종업원에게 가장 큰 영향을 미치는 사람은 점장이나 부점장이 아닌 바로 1기수 위의 고참 사원이다.

"어허, 서비스를 그렇게 해서는 바쁜 홀에서 고객에게 서브할 수 없어요. 대충 주문받고…."

"이 사람, 바쁜 판에 일일이 컵을 써서 어떻게 하겠다는 거야. 이렇게 손으로 감을 잡고 빨리 해야지…."

이 순간 지난 3주간의 교육은 물거품이 되어 버리는 것이다. 따라서 집중적으로 교육 훈련을 시키는 것도 중요하지만, 그것보다 더 중요한 것은 현장에서도 교육받은 대로 실행하도록 보살펴 주어야 하며 교육 훈련 부서는 종업원들의 현장배치 후 집중적으로 그 이행도를 체크하여야 한다.

보이지 않는 곳에서 큰돈을 날리는 것은 생각보다 쉽다. 음식점에서의 서비스는 제아무리 강조해도 지나침이 없다. '과공(過恭)은 비례(非禮)라는 말이 있다. 그러나 우리의 식당이 살아남기 위하여 이 말은 다음과 같이 고쳐져야 한다.

"비례(非禮)가 되더라도 과공(過恭)할 수 있으면 해야 한다."

현대판 "암행어사 출두야!"

제품을 만들기만 하면 팔리던 시대에서 비슷비슷한 제품을 가지고 경쟁사 간에 치열한 경쟁을 통해 승리해야만 살아남을 수 있는 시대로 접어들면서, 서비스에 대한 관심은 점점 더 고조되고 있다. '보다 나은 서비스만이 기업의 살길'이라고 직원들의 교육 때마다 외치고 있지만 좀처럼 눈에 보이는 효과가 드러나지 않는 것이 바로 이 분야인 것이다.

공산품이야 기업주든 중견 간부든 누구나 눈으로 보고 손으로 만져 보면, 또 직접 사용해 보면 품질이 향상되었는지 아닌지를 확인할 수 있지만 소위 '서비스'의 경우는 그렇지 못하다. 상급 감독자가 입회하는 그 순간부터 평소의 고객에게 베풀어지는 서비스와 같은 품질을 볼 수 없기 때문이다. 상급자가 보는 앞에서 음식물을 집어던지듯 서브하는 직원은 없을 테니까 말이다.

그래서 서비스가 기업의 사활과 직결되는 외식 산업에서 직원들의 서비스 실태를 조사하기 위한 다양한 방법이 개발되기 시작하였으며 그중, 업소의 경영 상태를 객관적 입장에서 효율적으로 체크해 보는 제도로 소위 '위장고객(Blind customer)' 제도라는 것이 있다.

이 제도는 최고경영자만이 알고 있는 외부의 제3자가 손님으로 가장하여 업소에 출입하며 비밀스럽게 경영 상태를 검토해 보는 제도이다. 매우 효과적인 방법인 것은 확실하나 현실적으로 상당한 비용이 소요되며 세심한 주의를 필요로 한다.

'위장고객' 제도가 성공적으로 시행되기 위하여 필요한 사항을 간추려 보면 다음과 같다.

첫째, 위장고객을 선발할 때 가장 보통의 고객으로 위장 가능한 요원을 선발하여야 한다.

따라서 업소가 여러 곳에 여러 형태로 분산되어 있는 경우 각각의 형태에 맞는 요원을 선발하여야 하는 것이다. 예를 들어 가족고객이 90% 이상을 차지하는 점포에 미혼 여성이 혼자 들어와 혼자서는 도저히 다 먹을 수 없는 분량의 음식을 주문하고 시간을 끌면서 업소의 이모저모를 눈여겨 살펴보고 있다면 변 사또는 이 도령의 출두를 미리 감지하고 만반의 사전 준비를 하지 않겠는가?

둘째, 선발된 요원은 업소의 특성, 운영의 기본 방침 및 보고하여야 할 사항에 대하여 철저한 사전 교육을 받아야 하며, 이와 같은 교육 훈련은 업소와 관계없는 제3의 장소에서 최고경영자에 의해 직접 행해져야 한다. 최고경영자에 의한 직접 교육이 필요한 이유는 요원의 존재를 아는 사람을 최소화시켜야 한다는 것과, 직접 교육을 통하여 최고경영자의 경영에 대한 열의를 요원이 직접 느끼고 소화하여 최고경영자의 눈으로 업소를 평가하게 하는 데 있다.

셋째, 위장고객은 활동에 필요한 비용을 충분히 제공받아야 하며 봉사한 시간에 대한 보상도 충분히 받아야 한다. 고객으로 위장하여 주문한 음식비용만을 제공할 경우 실제로 요원의 활동은 단순한 재미로만 그치는 경우가 많은 것 같다. 따라서 봉사한 시간에 대한 보상은 요원의 직업적 전문성 확립에 크게 기여할 것이다.

넷째, 위장고객이 대동하는 고객에게도 이 활동은 비밀로 하는 것이 효과적이다. 대부분의 경우 그와 같은 사실을 알게 되면 대동하는 고객들의 눈동자가 갑자기 긴장되고 행동이 부자연스러워지는 것을 목격하게 된다.

다섯째, 업소를 방문한 요원은 한 시간 이내에 체크 리스트를 작성하여야 한다. 그렇지 않으면 기억력이 무뎌져 세세한 부분의 지적은 불가능해지기 쉽다.

마지막으로, 이 방법은 1회에 그치면 그 충분한 효과를 기대하기 어려우므로 연중 계속되는 프로그램으로 시행하여야 한다. 또한 그 평가에 따른 적절한 보상제도가 뒤따른다면 종업원의 서비스 향상에 크게 기여할 수 있을 것이다. 변 사또를 징계하는 것도 암행어사의 할 일이지만 신조를 굳게 지킨 춘향의 어깨를 다독거려 주는 것 또한 그에 못지않게 중요한 일이 아닌가?

충분한 자질을 갖춘 인재를 등용하여 암행어사를 전국에 내보내야 할 때가 바로 지금이다. 개방화, 국제화의 문턱에서 우리의 낙후한 외식 산업을 선진 대열에 끌어올리기 위하여….

다음은 내가 위장고객에게 직접 건네주던 체크 리스트이다. 당연히 제공되어야 하는 사소한 서비스도 일일이 체크 대상으로 구분하여 점검하여 보면 커다란 문제점을 일러 주곤 한다.

서비스

1. 당신이 매장에 들어서는 즉시 적어도 한 명의 직원이 상냥한 미소로 인사했습니까?
2. 당신의 완벽한 식사를 위해 직원이 주문 결정을 도와주거나 적어도 한 가지 이상 권유 판매를 했습니까?
3. 당신이 주문한 품목에 대해 직원이 반복 확인을 했습니까?
4. 당신은 음료를 주문한 지 3분 이내에 제공받았습니까? 시간: ○○분
5. 음식은 주문한 지 15분 이내에 전달되었습니까?
6. 당신이 주문한 제품을 정확하게 받았습니까?
7. 식사 후에 친절하게 만족도를 묻고 적절한 후식을 권유했습니까? 예를 들면 커피 등
8. 모든 직원이 명찰을 부착하고 깨끗하고 단정하게 다림질한 유니폼을 착용했습니까?
9. 서비스하는 직원이 친절하고 정중했습니까?
10. 금전등록기 계산 과정은 정확하고 정중했습니까?
11. 환송의 말이 있었습니까? 내용:

12. 손님이 많은 바쁜 시간 중에 적어도 1명의 관리자가 매장 및 고객 관리를 했습니까?

13. 매장 직원의 친절도를 1에서 10까지의 점수로 평가한다면 몇 점입니까?

점수: 훌륭함: 8-10, 평균이상: 6-7, 만족할만함: 3-5, 보통: 0-2

품질

14. 음식은 적당하게 익었고 뜨겁습니까?

15. 재료는 골고루 사용했습니까?

16. 스파게티 국수는 쫄깃하게 잘 볶아졌으며 적당한 농도의 소스와 함께 제공되었습니까? 또는 마늘빵또는 브레드스틱은 노릇하게 구워졌으며 5분 이내에 제공되었습니까?

17. 샐러드 바의 모든 컨테이너는 깨진 것이 없이 적어도 1/3 이상 채워져 있고 모든 재료는 신선합니까?

18. 샐러드 바 위에 떨어진 내용물은 신속하게 처리되었습니까?

매장 청결 상태

19. 주차장은 정리·정돈되었으며 깨끗합니까?

20. 빈 테이블은 정리가 잘되어 있으며 매장 전체, 화장실이 정돈되어 있습니까?

21. 화장실에는 화장지가 준비되었으며 hand Dryer, 물비누가 잘 작동합니까?

22. 에어컨, 온풍기 온도가 적절하여 쾌적합니까?

23. 매장 음악은 켜 있으며 적절한 크기로 고정되어 있습니까?

24. 매장에 필요한 물품이 box째로 고객의 눈에 띄는 곳에 쌓아져 있습니까?

일반적인 소견:

돌고 도는 풍차

아름다운 튤립의 나라 네덜란드의 풍차나 미시시피강을 오르내리는 유람선의 물레바퀴, 또는 황량한 사막 한가운데 서서 외롭게 팔랑개비를 돌리고 있는 팜 스프링스의 풍력발전기를 보고 있으면 나는 엉뚱하게도 좋은 서비스와 나쁜 서비스의 사이클을 생각하게 된다. 그들이 돌고 있듯이 오늘 이 순간에도 지구상의 수백만 개의 식당에서 이 사이클도 돌고 있을 것이다.

미국의 경영학자 Mr. Leonard A. Schlesinger와 Mr. James L. Heskett에 의해 제시된 사이클은 다음과 같다.

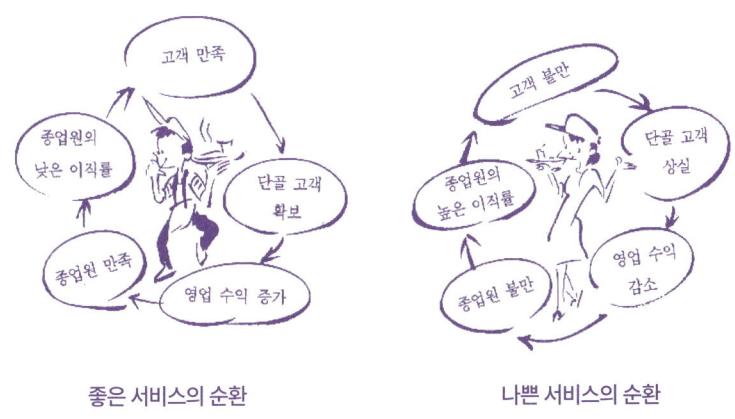

좋은 서비스의 순환   나쁜 서비스의 순환

1) 좋은 서비스를 하게 되면 우선 고객이 만족하게 된다.
2) 만족한 고객은 단골 고객이 되어 가며 식당에서는 새로운 고객을 확보하기 위한 신규 마케팅 비용을 절감할 수 있게 된다.

3) 단골 고객이 많아지면 당연히 영업 수익이 증가한다.

4) 영업 수익이 증가하게 되면 종업원의 복지 후생도 개선되며 따라서 종업원의 만족도가 향상된다.

5) 종업원의 만족도가 향상되면 자연 그들의 이직률이 낮아진다. 장기 근무하는 직원이 많아질수록 서비스의 질은 향상된다.

'나쁜 서비스의 순환'은 정확히 '좋은 서비스의 순환'의 역이다.

최근 들어 이 순환 이론이 서비스 산업에 종사하는 사람들에게 깊은 관심을 불러일으키는 이유는 바로 '절대인력 부족의 시대'로 우리 사회가 접어들고 있기 때문이다. 따라서 한 번 인연을 맺은 종업원이 이직하지 않고 장기 근무하게 하는 것이야말로 좋은 서비스를 향한 출발점이다.

사랑의 매질

얼마 전 외국 거래처와 업무 협의를 위해 미국 출장길에 올랐을 때의 일이다. 기내에 비치된 신문을 읽어 가며 무료함을 달래고 있던 중 갑자기 눈에 띄는 제목이 있었다.

"롯데, 대한항공 감정싸움"이란 제목의 기사였다.

내용인즉 한국 방문의 해를 맞아 관계 기관이 주선한 대책 회의에 참석했던 롯데의 한 임원이 "외국 관광객을 많이 끌어들이려면 무엇보다도 먼저 형편없는 대한항공의 서비스부터 개선해야 한다."고

불을 질렀던 것이다. 이에 대해 참석했던 대한항공의 임원은 '객관적 근거도 없는 비방'이라고 반격하였고 곧이어 그룹의 총수에게도 보고되었다는 것이다. 정확한 비유는 아니지만 아이들 싸움이 어른 싸움되기 시작한 것이다. 대한항공은 롯데그룹의 계열사인 대홍기획이 취급하던 전파매체 광고를 전면 취소하고 롯데백화점에서 구입하던 일부 기내식을 구입 중단했다. 화가 나도 단단히 났던 모양이다. 얼마나 화가 났으면 그렇게까지 하였을까 하고 동정이 가다가도 서비스업에 종사하고 있는 내 경험에 비추어 보아 대한항공의 대응에는 심각한 문제가 있다고 생각한다.

사실 서비스업에 몸담고 있는 사람에게 가장 아픈 매질은 '서비스가 나쁘다.'는 충고이다.

그러나 이 충고처럼 우리를 각성하게 하고 분발하게 하는 충고도 없다.

지난 세월 〈피자헛〉을 경영하면서 처음부터 마지막까지 한결같이 실천한 것은 바로 소비자들로부터의 질책에 대한 즉각적인 대응 조치였다. 물론 중간 중간 느슨해진 적도 많이 있기는 하였지만….

실제로 점포의 시설이나 기물에 관계된 문제점 등은 사안에 따라 개선 조치를 조절하곤 했지만 서비스에 관한 조치는 만사 제쳐놓고 최우선이었다. 즉각 해당 점포에 달려가서 점장 이하 직원들을 모아 놓고 서비스상의 문제점을 지적하고 다시는 그런 불친절이 있어서는 안 된다는 다짐을 함께 하였던 것이다.

허구한 날 서비스에 대한 불만을 들어오면서도 변함없이 겸허한 자세로 소비자들의 사랑의 매질이라 여기고 기꺼이 맞아 왔다.

한밤중에 "어느 어느 점포에서 서비스가 너무 엉망이었다." 하고 집으로 걸려 오는 전화도 있었다.

그럴 때면 그토록 많은 시간과 노력을 기울여 서비스를 향상시키려고 하였건만 이 정도밖에 할 수 없는가 하고 낙담도 되지만 아직도 매질을 가해 주는 소비자가 있다는 것만으로도 우리의 장래는 밝다고 생각하였다.

화를 내는 것이야 당연한 인지상정이겠지만 재벌급 서비스업체에서 이와 같이 감정적으로 대응하는 것은 소비자들로 하여금 '정말로 대한항공의 서비스에 문제가 있는 것이 아닌가.' 하는 의심을 자아낼 가능성마저 있는 것이다.

설사 그 임원의 말대로 '객관적 증거'가 없는 비방이라도 대한항공을 아끼는 마음에서 우러나오는 충고로 생각하고 고맙게 받아들이는 자세가 아쉽다. 윗분들의 군림하고자 하는 자세가 직원들에게 비치는 그 순간부터 그동안 직원들에게 좋은 서비스 하라고 들여 왔던 그 많은 시간과 비용은 무용지물이 되어 버린다.

얼마 전 '땅콩 회항' 사건에 이어 '물폭탄' 사건을 보면서 더 많은 생각에 잠기게 된다.

2. 점점 더 커집시다

어디에다 무슨 이름으로?

시내 유명서점을 샅샅이 뒤져 보아도 음식점을 개업하기 위하여 필요한 기초 지식이나 이론(?)을 다룬 책이 한 권도 없음을 알고 무척이나 놀랐다. 물론 이 놀람이 나로 하여금 이 책을 쓰는 만용을 부리게 하였다 해도 과언이 아니다.

나는 지난 10년간 현장에서 체험한 것들을 귀납적으로 분석하면서 더듬어 보고 있다. 특히 나의 관심을 끈 것은 '실패한 점포들'의 분석이다.

그들은 왜 실패했을까? 나를 포함해서.

그 실패는 영세한 중소기업만의 것이 아니라 내로라하는 대기업의 경우에 더 큰 실수를 저지르고 있음을 보게 된다. 어떻게 그렇게 큰 대기업에서 그런 엄청난 실수를 저지를 수 있었을까? 하지만 실제로 그들은 엄청난 과오를 저질렀으며 그 대가로 상상하기 힘든 금전적 손해를 보았던 것이다.

이제 있을 법하지 않은, 그러나 현실에서 있었던 실패담을 살펴보고 이로부터 값진 교훈을 얻어 보기로 하자.

이런 장소에 문을 열면 쉽게 망한다

사실 음식점을 개업하면서 자문을 구하는 분들에게 물어보면 그들이 여기저기 조언을 구하며 제일 먼저, 그리고 제일 많이 했던 질문이 바로 '어떤 장소가 가장 목이 좋겠는가?'라는 것이다. 그러나 실패담으로부터 우리가 교훈을 얻어 내고자 하는 마당에 우리에게 가장 적합한 질문은 "어떤 장소에 열었던 점포가 가장 확실하게 망했는가?"일 것이다.

첫째로 지하 점포를 들 수 있다.

'지하실'이라고 하면 일반 소비자 대중에게 연상되는 것은 '답답하다', '어둡다', '습기 차다'는 것이다. 어느 경우에도 밝고 명랑하고, 쾌적하다는 것과는 정반대되는 개념만 떠오른다. 그런 곳에 식당을 열어서 성공하는 예를 찾아보기란 거의 힘들다. 일본의 경우, 초기에 〈피자헛〉을 운영한 아사히 맥주사의 기본 개념은 자신들의 맥주를 더 많이 팔기 위한 공간으로 〈피자헛〉을 인식하였고 따라서 점포의 위치는 대부분 뒷골목 술집이 많은 지역이었다. 또한 술집 하면 소비자 대중에겐 밀폐된, 은밀한 공간이 연상되지 않겠는가? 이는 '지하실'의 개념과 상당히 밀접한 것이다. 일본 동경의 〈피자헛〉의 위치는 대부분 술집 밀집지역의 지하실에 자리 잡고 있었으니 그 영업 결과야 너무도 뻔하지 않겠는가? 물론 지하라 하더라도 요즈음 백화점의 지하 슈퍼마켓이나 식당가의 경우는 예외이다. 이곳은 지하일지라도 소비자가 갖는 인식은 지상과 연계되어 있기 때문이다. 백화점의 시작은 1층이다. 누구도 지하로 바로 들어오지 못하게 되어 있다. 지하철 환승 지역은 예외지만, 따라서 일단 백화점에 들어선 소비자는 지하로부터 지상 몇 층에 이르든지 동일한 조명에 의해 모든 공간을 동일한 계층으로 인식하게끔 강요받고 또한 실제로 그러한 심리적 효과가 있기 때문에 백화점 지하의 식품 코너는 지상과 동일한 조건을 가지고 있다.

점포 임대 가격 면에서 엄청난 차이 때문에 부득이 지하 점포를 사용해야 한다면 차선책으로 적은 공간이라도 1층에 점포 출입구와 고객 유인 효과를 보일 수 있는 시설물을 설치할 수 있어야만 한다. 복합 구조도 아닌 단층 개념으로서의 지하 점포는 절대로 피해야 할 것이다.

둘째로 병원과 밀접한 위치의 점포는 피해야 한다.

우리에게 병원하면 무엇이 연상되는가? 고통, 두려움, 심지어는 죽음, 이런 것들이 아닌가? 이런 병원 옆에 음식점이 자리 잡아서는 고객에게 좋은 이미지를 줄 수 없는 것이다. 물론 여기에도 예외는 있는데 대형병원 내의 구내식당이 여기에 해당된다. 어느 누구도 이런 구내식당에서 아늑한 분위기, 맛, 청결을 요구하지 않는다. 모두들 갈 데가 없으니 억지로 앉아 먹는다. 업주들도 단골 고객이 있으리라 기대하지도 않는다. 이런 식당이 호황인 것은 독점이기 때문이며 우리의 연구 검토 대상은 아닌 것이다. 우리는 치열한 경쟁을 뚫고 살아남기 위해 지금 이 글을 쓰고, 읽고 있는 것이니까 말이다.

일전에 새로 건설되기 시작한 신도시의 중심상가 2층의 큰 면적을 거금을 주고 분양받은 분이 찾아와 자문을 구한 적이 있었다.

더 상세한 도면을 받아 보니 어이없게도 옆의 면적은 병원이 들어오게 되어 있었다. 그것도 피부비뇨기과가. 종합병원에 가 보면 각 진료 과목에 따라 방 앞에 준비된 벤치에 앉아 순서를 기다리게 되어 있다. 그런데 비뇨기과 앞의 벤치는 항상 비어 있다. 비뇨기과 환자의 대부분이 옆 과의 의자에 가 앉아 있다가 오기 때문이다. 자리가 없으면 서서라도 옆에 가 있는 것이다. 그런 곳이 비뇨기과인데 그 옆에 식당을 차린다면 어찌되겠는가? 퇴근길 아이들에게 맛있는 음식을 포장해 주려고 들렀다가 옆집 아줌마에게 얼굴이 알려지기라도 하면 다음 날부터 이집 저집에서 수군수군 댈 테니 말이다. 이 글을 쓰고 있는 도중 〈케니 로저스 로스터스〉 양재점 2층에 알레르기 클리닉이 계약을 마쳤다는 연락을 받았다. 어떻게 하든 막아 보려고 했으나 막무가내였다. 그러면 이 글의 내용을 바꾸어야 하나? 그렇지는 않다. 다만 '〈케니 로저스 로스터스〉 양재점의 위치는 별로 좋지 않은 곳이다.'라고 바뀔 뿐이다.

셋째로 주유소 옆이다.

누구나 생활에서 뺄 수 없는 과정으로 주유소에 들르고 있으나 그 순간순간이 그렇게 유쾌하지만은 않다. '혹시라도 담배를 피우고 있던 사람이 실수라도 하는 날이면?' 하는 불길한 생각이 주유소에 들르면 떠나질 않는 것이다. 따라서 주유소와 연결된 공간에 식당을 여는 것은 금기로 되어 있다.

내가 경영하던 〈피자헛〉의 청담점 주차장으로 사용하던 자리에 주유소를 짓겠다는 사업계획안을 들고 왔을 때, 나는 죽을힘을 다해 지주를 설득했었다. 그러나 불행히도 주유소는 들어서고 말았고, 식당을 들르는 고객들은 불안한 표정으로 지금도 주유기를 쳐다보고 있다.

넷째로 심한 오르막이나 내리막길에 식당을 열어서는 안 된다.

누구나 오르막, 내리막길을 접하면 마음이 불편해진다. 이런 불편한 심리가 식당의 영업에 영향을 미칠 것은 뻔한 이치이다. 이 논리는 우리나라 유통업계의 성쇠에도 상당히 설득력 있는 근거를 제공하고 있다. 우리들 주위의 대형 백화점 중에 오르막 내리막길에 위치한 것들이 있으며 그들의 성장세가 그렇지 않은 경쟁 백화점의 그것에 비해 현저히 열세에 있음을 여러분도 알 것이다.

다섯째로 대로변 버스 정류장은 좋은 목으로 알려져 있으나 정류장 한복판보다는 양쪽 옆 15미터 내지 20미터 정도의 목이 훨씬 효율적이다.

지금은 주인이 바뀐 햄버거 체인의 B사가 1984년 1호점을 개점했을 때의 일화이다. 종로 3가 파고다공원 입구 근처라는 말만 듣고 찾아 나섰다가 결국은 찾지 못하고 돌아왔던 일이 있었다. 다음 날 본사에 전화를 하여 정확한 위치를 듣고는 실소를 금할 길이 없었다. 그 점포는 버스 정류장 한복판에 위치하고 있었다. 워낙 많은 버스가 몰리는 지역이라 점포 앞에는 항상 버스가 정차해 있기 때문에 차를 타고 지나다니는 고객들은 눈을 씻고 보려야 그 간판을 볼 수 없게 되어 있었기 때문이다. 정차한 버스 유리창을 통해 훤히 안이 들여다

보일 경우 더욱이 그 시선이 위에서 밑으로 쏟아질 경우 고객이 불안해하는 것은 너무나 당연하다. 그 점포는 1호점임에도 불구하고 몇 달을 못 가 문을 닫고 말았으니, 사업 초기의 타격치곤 메가톤급이었다.

어떤 상호를 내걸 것인가

상호가 필요한가

우리나라 식당의 대부분을 자세히 살펴보면 상호에 상당히 무신경함을 볼 수 있다. 일부의 기업화된 식당을 제외하면 대부분 자신들이 취급하는 제품명을 더 크게 취급하고 있음을 본다.

북창동의 라면찌개집으로 알려진 한 식당이 있었다. 퇴근길뿐만 아니라 점심시간에도 인근 사무실의 샐러리맨들에게 선풍적인 인기를 끌었던 식당이었으나 점포 임대료 관계로 건물주와의 재협상이 이루어지지 않아 부득이 문을 닫고 인근의 다른 지역으로 옮길 수밖에 없었다. 그러나 다른 곳으로 점포를 옮긴 후론 장사가 전만 훨씬 못하여 오래지 않아 문을 닫은 것으로 알려졌다.

단골이었던 내 경험으로 보면 이렇다. 주위 사람들과 그 식당에 관련된 이야기를 할 때에 그 식당의 상호가 전혀 기억이 나지 않는 것이다. 이사한 곳을 찾아가려 해보았으나 상호를 모르니 애를 먹었고 결국 그 식당 찾기를 포기하고 말았던 것이다. 점포 주인은 새로 옮긴 곳에서 제아무리 선전을 하려고 하여도 할 방법이 없었을 것이다. '북창동 어디어디에 있던 라면찌개집'이라고 간판을 내걸 수도 없으니 말이다. 원래 있던 점포에서 라면찌개라는 것만 강조하지 않고 적당히 상호도 광고해 두었더라면 새로이 옮긴 점포에서도 같은 상호만 내걸면 훨씬 쉽게 고객을 확보할 수 있었을 텐데 말이다.

어떤 상호여야 하는가

① 맛있는 음식을 쉽게 연상할 수 있어야 한다.

② 청결하고 친절한 분위기를 연상할 수 있어야 한다.

③ 한식집의 경우, '우리 것'을 연상할 수 있는 정다운 이름이어야 한다. 예를 들면 늘봄, 한우리, 토담골, 솔토, 초가집, 골목집, 소나무집 등.

④ 정다움을 강조하더라도 지나치면 안 된다. 예를 들면 ○○뚱땡이집, ○○○곰보집, 엉터리 주물럭, 가짜 ○○집, 극심한 경우, '리빠동' 이건 음식을 팔자는 것인지 사료를 팔자는 것인지 모를 지경이다. 또한 요즘 들어 ○○할매집이라는 상표를 흔히 보는데 경상도 지역의 고객에게는 친숙하게 들릴지 모르나 기타 지역의 고객에게는 상당히 어색할 뿐 아니라 불경스러워 보이는 어휘인 것이 사실이다.

⑤ 외국어를 사용하는 경우에는 모방에 치우쳐 고객을 혼란스럽게 하거나 또는 불쾌하게 하는 상호를 써서는 안 된다. 예를 들면 〈피자헛(Pizza hut)〉을 흉내내 〈피자 하트(Pizza heart)〉, 또는 〈피자 핫(pizza hot)〉으로 하거나, 또 예쁜 형체이기는 하나 영어인지 스페인어인지 불분명하여 발음하기가 거북한 상호는 쓰지 말아야 한다.

또한 억지로 영어를 사용하여 보는 사람을 어리둥절하게 해서도 안 된다. 예를 들면 'Fried chicken professional shop'이라고 커다랗게 써놓은 간판도 있다. 도대체 뭘 주장하려고 그렇게 써놓은 건지 알다가도 모를 일이다.

가격 할인, 만병통치약인가?

독야청청하던 좋은 시절 다 지나가고 나면 주위엔 온통 늑대만 우글거리는 험악한 세상에 홀로 선 듯한 느낌이 든다. 경쟁시대에 접어들면 모든 것이 여의치 않아지는 것이다. 우리 쪽의 판촉 계획이 알려져 경쟁업체가 미리 유사한 제품의 판촉을 시작하는가 하면 가격 조정 시에도 끝까지 기다렸다가 우리 제품과 비교될 자신들의 제품가격은 불과 몇백 원 낮추는 등의 방법으로 신경을 자극해 오는 것이다.

이와 같은 상황에 처할 때마다 무슨 핵폭탄과 같은 획기적인 병기가 있다면 얼마나 좋을까 하는 생각을 해본다. 그러나 다행인지 불행인지 핵무기는 없다. 만약에 있다면 공멸하고 말 테니까.

그러면 핵무기만 못하지만 위력적인 무기에는 어떤 것이 있을까? 가격 할인 정책이 있다. 이 방식이 얼마나 위력적인가는 철마다 백화점 바겐세일 기간 동안 그 일대의 교통이 마비되는 것을 보면 알 수 있다. 나 역시 마음에 드는 제품이 있으면 눈여겨보았다가 세일이 시작되면 일착으로 찾아가 사면서 묘한 쾌감을 맛보곤 한다. 기대했던 것보다 싼 가격으로 구입할 수 있다는 것은 항상 즐거운 것이다.

때문에 마케팅 담당자들이 가장 손쉽게 기대려고 하고 또 지금까지 가장 많이 애용되어 온 방법이 바로 이 가격 할인 정책이다.

그러나 이 정책은 단점 또한 만만치 않다. 가장 큰 단점은 한번 할인이 시작되면 정상가격 판매 시 고객의 가격 저항이 점차로 심각해져 종국에는 할인 가격이 고정 가격화되어 간다는 것이다.

공산품이나 의류의 경우라면 외관을 변경하거나 계절마다 디자인을 조금씩 달리하거나 하여 가격 저항을 없앨 수 있으나 음식은 그렇게 할 수 없으니 문제이다. 설렁탕의 뚝배기 재질이 고급화되었다고 선전하며 가격 저항을 없앨 것인가. 따라서 음식점에서는 섣불리 가격 할인 정책에 기대어서는 안 된다.

최근에 이러한 서비스 업체의 고충을 해결하는 방식으로 제시된 것이 바로 부가가치 마케팅(Value added marketing)이란 것이다.

한 판에 10,000원짜리 피자를 파는 피자집에서의 가격 할인 정책과 부가가치 마케팅을 수치로 비교해 보기로 하자.

먼저 가격 할인 정책을 써서 '10% 할인 사은 잔치' 팻말을 내걸고 판촉을 할 경우 피자 가격은 9,000원이 된다. 고객들은 할인된 1,000원에 매우 기분 좋아하며 음식을 즐길 것이고 가급적이면 싼 김에 행사 기간 중에 한 번 더 구매하려고 마음먹을지도 모른다.(실제로 그것 때문에 안 올 것 온다는 고객은 보기 힘들다.)

그런데 부가가치 마케팅이란 그 가게에서 개발한 새로운 메뉴인 정가 1,000원인 막대기 과자를 만 원짜리 피자를 주문할 경우 무료로 제공하는 방법을 말한다. 이 경우 외양상으로는 1,000원짜리를 무료로 제공하니 1,000원을 할인하는 것과 같아 보이나, 업소 측의 원가부담은 가격 할인 정책의 경우 표시가격 1,000원 그대로이나, 후자의 경우 그 막대기 과자 생산 때문에 별도의 매장이나 기계, 설비, 인원이 필요한 것이 아니기 때문에 그 원가는 300원(Food cost가 30%라고 가정하면)이 되는 것이다.

또한 업소에서는 자신들의 신제품을 자연스럽게 고객에게 소개할 수 있다는 장점도 있다. 캠페인이 끝나면 막대기 과자는 정상 가격을 받고 판매하고 새로운 제품을 개발해 다시 선보이게 되는 것이다.

이 점이 부가가치 마케팅의 강점이다.

스커드 미사일을 쏘겠다는 경쟁업체가 있다면 비싸더라도 패트리어트 미사일을 사다 놓아야 하지 않겠는가?

마케팅 분야에서의 스커드 미사일이 가격 할인 정책이라면 패트리어트 미사일은 단연 부가가치 마케팅이다.

CF는 기업주를 닮는다

나는 자타가 공인하는 텔레비전광이다. 그러나 텔레비전을 보지 않는 것이 바로 지성의 척도요, 문화인의 긍지인 것처럼 치부하는 분위기가 있어 내놓고 텔레비전 좋아한다고 밝히기가 여간 조심스럽지 않다.

나는 텔레비전 프로그램 중에서도 CF를 특히 좋아한다. 때문에 이 방송 저 방송의 CF를 모두 다 보려면 리모컨은 필수적이다. 해외 출장 중에도 호텔에 투숙하면 틈나는 대로 수십 곳의 채널을 돌리기에 정신이 없을 지경이다. 요즈음은 채널이 최소한 100여 개라 너무 행복하다.

이토록 CF에 몰입하는 이유는 재벌기업이나 대기업의 경우처럼 충분한 여유를 갖고 광고를 제작하지 못했던 시절, 최소의 투자로 최대의 효과를 누리기 위하여 온갖 지혜를 짜본 경험 때문이다.

집중적으로 CF에 관심을 가지면서 알게 된 재미있는 점은 CF의 내용과 분위기는 기업주와 닮아 간다는 점이다.

제아무리 재미있는 분위기의 CF라 하더라도 최고경영자가 이를 이해하지 못하는 사람이라면 그가 그 CF를 선택할 가능성은 없는 것이다. 자신의 회사 CF가 마음에 들지 않는다고 또는 소비자에게 강하게 어필하는 CF를 만들어내지 못한다고 광고 대행사를 자주 바꾸는 기업주들을 많이 보아 왔다. 내가 보기엔 소비자에게 산뜻한 충격을 주며 회사 제품의 매출을 끌어올릴 수 있는 재미있는 CF를 만들어내려면 기업주 자신이 그런 분위기가 되지 않으면 안 된다.

광고 대행사들의 작업 형태를 보면 보통 한 CF를 제작하기 위하여 3편 정도의 각기 다른 스토리 보드(Story board)를 만들어 거래처에 제시하며 최고 경영진의 선택에 따라 그중 한 가지가 선택된다. 전문가들로 구성된 광고 대행사의 제작팀들이 물론 거래처의 영업 신장을 위해 최대한의 신중한 검토 끝에 스토리 보드를 작성한다. 그러나 그들도 그것이 영업인지라 반드시 선택될 수 있을 만한 방향으로 가닥을 잡게 되며, 그 방향은 바로 최고경영자의 취향에 맞출 수밖에 없다.

TV에 CF를 방영하고 있는 기업주라면 누구나 자기 회사의 CF가 나오면 흐뭇하게 쳐다보게 마련이다. 마치 그 CF가 지구상에서 만들어질 수 있는 최고의 것인 양.

그러나 그 CF는 바로 그의 모습을 그대로 닮은 것이다. 그 이상도 이하도 아닌….

밤새운 "레디 고!"

처음 TV 광고를 시작하기로 하고 CF 촬영에 들어갔을 때에는 모든 것이 신기하고 또한 회사로서는 모험적 투자였기에 촬영의 처음부터 끝까지 옆에서 지켜보았다. 이틀에 걸친 촬영이었고 몸과 마음이 이루 말할 수 없이 지쳤다. 그러나 광고주가 처음부터 끝까지 나와 앉아 있으니 스태프들은 상당한 부담을 느꼈던 모양이다. 조금이라도 더 좋은 장면을 잡기 위해서 열심히들 찍고 있었다.

이렇게 시작되다 보니 그 후로는 CF 촬영 때는 으레 사장이 같이 밤샘을 하는 것으로 되어 버렸다. 나는 나름대로 꾀가 나기 시작하였다. CF 촬영 날이면 낮에 일찍 퇴근하여 초저녁잠을 늘어지게 잔 후 저녁 10시경 현장에 도착한다. 새벽 추위에 대비하여 속옷도 든든히 챙겨 입고, 가장 편한 자리를 골라잡고 앉아 팔짱을 끼고 있노라면 어려워 보여서 그러는지 아무도 옆에 얼씬하질 않는다. 무거운 표정을 지으면 지을수록 감독의 '컷' 소리가 많아진다. 내 경험으로는 '컷'

소리가 많을수록 좋은 작품이 만들어지는 것 같다. 때문에 웬만큼 연기가 되었다 생각되어도 나는 찌푸린 미간을 펴지 않았고 감독은 재빨리 "한 번 더 가 봅시다. 자! 감정 좀 잘 살려 봐요." 하며 연기자들을 몰아갔던 것이다.

결론적으로 시사회에서 서로 얼굴 붉히지 않으려면 현장에서 조금 더 땀을 흘리는 방법이 최선이다.

지금 이 기회를 빌려 그간 나와 같이 일했던 연기자 여러분과 스태프들에게 감사의 말씀을 전하고 싶다. 어느 한 분 불평 한마디 없이 열심히 해준 덕에 나의 사업이 순탄히 성장해 나간 것이 아니었겠는가?

톱스타 심혜진 씨가 CF를 촬영할 때의 일화이다.

11월이었건만 여름 신(Scene)에 가까운 스토리였다. 얇은 바지를 입고 촬영에 들어갔으나 한밤이 되자 감독의 마음이 바뀌었다. 아무래도 원피스가 좋겠다는 것이다. 다행히 심혜진 씨의 차에 원피스가 한 벌 있었다. 그럼에도 그녀의 얼굴이 영 펴지질 않는다. 11월 한밤중의 새벽 추위에 스타킹이 없다는 것이 아닌가? 지상에서 가장 큰 동태가 생겨날 찰나였다. 감독은 그대로 진행할 눈치다. 마침 내가 밤새워 현장에 있다는 이야기를 들으시고 아들의 건강을 챙기기 위해 들르셨던 어머님의 차에 여벌 스타킹이 하나 있었다. 감독의 '레디 고'에 심혜진 씨는 멋있는 율동으로 카메라 앞에 설 수 있었다. 그 스타킹이 아니었다면 「결혼 이야기」나 「그 섬에 가고 싶다」가 있지도 못 할 뻔하였다는 것을 그녀는 아는지 모르는지….

누가 실세인가?

수천 년 내려온 유태인의 상술을 나타내는 여러 표현 중 "유태인의 장사는 여자와 입을 노린다."는 말이 있다. 무척 야한 말인 것 같지만 막상 들어 보면 전혀 그렇지 않다.

여자를 노린다는 말은 대부분의 경우 돈은 남자가 벌지만 그 지출은 여자가 하기 때문에 지출 의사 결정의 주도권을 가지고 있는 여성을 위한 제품 또는 여성이 구매 결정하기 쉬운 제품을 취급하라는 말이다.

또한 입을 노리라는 말은 다른 공산품과 달리 입에 들어가는 제품, 즉 음식은 구매 즉시 소비되므로 제품의 단가는 다른 전자 제품, 가구 또는 자동차와 달리 아주 저가이나 제품의 회전율은 전혀 상대가 되지 않을 정도로 높다는 것이다. 때문에 가장 확실하게, 안전하게 돈을 버는 방법은 식당이라는 말이다. 역시 유태인다운 예리한 분석이다.

실제로 내가 경영하던 회사에서도 1회에 수천만 원씩 투자해 가며 소비자 행태 조사를 실시하였었다. 여러 가지 관심 사항에 대한 조직적이고도 체계적인 분석을 통하여 명쾌한 해답을 내려 주는 조사 연구기관이 믿음직했기 때문이다.

그러한 관심 사항 중에서도 가장 흥미로운 것이 바로 의사 결정 과정이다. 주요 의사 결정권자가 어린이층이라면 밤 9시 이후의 특A 시간대에 제아무리 광고를 해봐야 그들에게 도달할 수 없는 것이다.

또한 결정권자가 주부인 경우 초저녁이나 한밤중 심야프로에 광고를 한다는 것은 낭비일 뿐이다.

최소의 비용으로 최대의 효과를 얻으려면 결정권자에게 직접 호소할 수 있는 통로를 개발해야 한다. 굳이 TV 광고가 아니더라도 예를 들면 온라인 블로그 활동이나 바이럴 마케팅도 주요 의사 결정권자의 취향에 맞게 조준하여야 한다.

요즈음 정치 행태를 보아도 유태인들의 상술이 진리임을 발견하고 실소를 금할 길이 없다.

즉 실세가 누구인지 정확히 파악하고 줄을 잘 서야지, 남들이 한다고 너도 나도 개혁, 개혁 부르짖으며 등산화 신고 따라다니다가는 패가망신당하기 십상이 아닌가.

지금은 특방 중

한동안 폭발적으로 인기를 모았던 모 방송국의 프로명인 '지금은 특집 방송 중'을 줄여서 '지금은 특방 중'이라고들 하는 모양이다.

나에게는 잊을 수 없는 방송 프로그램이 있다. 바로 각 방송국의 프로야구 중계방송. 이것은 바로 특집 방송이나 마찬가지였다.

1987년 천신만고 끝에 비용을 마련하여 잠실야구장에 펜스광고를 하게 되었다. 이 펜스광고란 야구장을 찾는 관중을 위한 광고는 아니다. 그 거대한 야구장의 한쪽 구석 펜스에 제아무리 광고를 내봐야 관중들 눈에 보일 리 만무하고, 그렇게 멀리서 그 작은 글씨가 보인다면 그 눈은 정상이 아닐 것이다. 그 광고는 다름 아닌 TV 중계를 위한 광고이다.

나는 우선 전년도의 TV 중계 필름을 입수하여 면밀히 검토하였다. 그 결과 3루 쪽에 설치한 카메라로 1루에 진출한 타자와 견제구를 던지는 투수가 가장 많이 클로즈업되는 것을 알아내었다. 나는 수백만 원을 더 지급하고 3루쪽 카메라 위치와 1루를 잇는 직선상에 위치한 면을 확보하였다. 드디어 시즌 오픈, 중계는 한 주일에도 두서너 번 있었다. 그런데 TV 중계가 시작되면서 나는 당황하기 시작하였다. 어처구니없게도 본부석에 위치한 카메라로 대충대충 처리하고 있는 것이 아닌가? 도무지 3루 쪽 카메라는 쓸 생각을 안 하는 것이었다. 수천만 원을 투자한 광고인데 두세 시간 생중계에 우리 상표가 비춰지는 것은 겨우 두세 번뿐이니 한심한 노릇이었다. 생각다 못해 여직원 위주로 짜인 특공대를 조직하였다. 이들의 임무는 무조건 육탄돌격이었다. 프로야구의 생중계가 있는 날이면 당번을 정해 잠실로 쳐들어간다. 3루 쪽 TV 카메라가 있는 바로 옆자리에 진을 치고 앉아서 카메라맨이 작업을 할 수 없을 정도로 사정을 하는 것이다.

"아저씨, 제발 1루 쪽 좀 잡아 주세요."

"아니, 아가씨, 지금 1루에 주자도 나가 있지 않은데 1루 쪽의 뭘 비추라는 거예요?"

"몰라요, 지금 우리 사장님이 TV 지켜보고 1루 쪽 비추나 안 비추나 확인하고 계세요. 안 비추면 전 내일부터 잘려요."

"거, 무슨 그런 악덕 사장이 있는 거야, 원."

열성 사원으로 표창까지 받은 적이 있는 한 여사원이 당번으로 출동한 날 두 시간 삼십 분 동안 카메라는 무려 62회나 우리의 상표를 클로즈업한 바 있고 사무실에서 가장 예쁘다는 평을 듣던 한 여사원이 출격(?)한 날, TV 카메라맨은 드디어 일을 저지르고 말았다. 주자가 3루에 있음에도 1루 쪽만 비춰주는 것이 아닌가? 너무 통쾌하였다.

3. 자나 깨나 '선착순'

자나 깨나 '선착순'

군대 생활을 해본 사람은 누구나 군에서 있었던 모든 일들을 잊을 수 없는 즐거운 추억으로 간직하고 있을 것이다. 그중에서도 특히 애틋한 추억으로 남는 것이 바로 '선착순'이다. 강한 체력을 가진 자는 처음 뛰어서 열외 되어 편히 쉬고, 약한 자들만 추려 두 번, 세 번, 계속 반복적으로 선착순을 시킨다. 끝내는 가장 약한 자만 남게 되며 그는 강한 자보다 몇 배의 혹독한 체력소모 끝에 쓰러지고 만다.

이 '선착순'이라는 애틋한 추억이 외식 산업의 치열한 경쟁 속에 살아남을 수 있는 비결이 될 줄이야 누가 알았겠는가?

빠른 의사 결정이 외식 산업 경영의 핵심적 요소임을 분야별로 증명해 보기로 하자.

고장 난 기계는 즉시 손볼 것

어느 추운 겨울날이었다. 점포 순회점검 중 변두리 지역의 비교적 소형 점포에서 있었던 일이다.

고객에게 커피를 서브할 때에는 커피를 뜨겁게 하기 위하여 잔까지도 따끈따끈하게 할 필요가 있다. 대형 점포의 경우 점포 시설공사 때부터 당연히 포트 워머(Pot warmer)를 설치하지만 소형 점포의 경우는 커피 머신에서 끓는 물을 뽑아 잔을 잠시 데운 후 서브하도록 하고 있었다. 그날따라 한 군데도 빈자리가 없이 만원이었으며, 후식으로 커피를 주문한 고객이 많아 종업원들이 미처 잔을 데우지 못한 채 차가운 잔에 커피를 서브하는 것을 목격하였다.

'지금 저 자리에 계신 고객이 미적지근한 커피를 들고 계신데 어떻게 사무실에 앉아 기계기물 구입 품의서나 작성하고 도장이나 찍고 할 수 있는가?'

즉시 포트 워머 공급업자에게 전화를 걸었다.

"30분 이내로 점포에 포트 워머를 설치하시오."

정식 결재를 모두 거치고 점포에 기계가 설치되는 시간이 빨라야 72시간이라고 한다면 그동안에 점포를 이용하는 수십, 수백의 고객은 '그 식당은 뭐 커피 한 잔도 제대로 서브할 줄 모르더구만.' 하실 것이 아닌가? 수백, 수천의 가족, 친구, 선후배, 직장 동료들에게 말이다. 머리털이 거꾸로 설 일이다.

서비스에 장고(長考)는 없다

일반 제조업과 달리 주방에서 조리되는 음식이 고객을 접하게 되는 시점까지의 소요 시간은 극히 짧다. 따라서 최고경영자 또는 일선 품질 관리자가 품질 유지를 위해 충분히 필요한 조치를 적시에 하지 못하면 수많은 고객이 불량품과 대면하게 되는 것이다. 수십억 원의 TV 광고비를 써가며 맛있다고 목이 쉬어라 외쳐댄들 일선 매장에서 고객이 씹는 피자에서 익지 않은 날고기 냄새가(특히 돼지고기 냄새는 역하다.) 물씬 날 경우 결과는 불을 보듯 뻔하지 않은가?

보통, 매장의 지배인들은 신속한 의사 결정을 내리도록 훈련받고 또한 그에 따른 권한을 위임받고 있으나 상당량의 원자재를 파기한다든가 할 경우 선불리 결정을 내리지 못하고 머뭇거리는 것을 보게 된다. 그 순간순간 고객들은 조악한 품질과 접하게 되는데도 말이다.

즉시 판단하고 즉시 결정하는 습관을 몸에 익혀야 한다. 스스로 판단하여 속기 바둑을 둘 수 없는 체질이라 생각하면 바둑계를 떠나라고 권하고 싶다. 식당업에서 장고 바둑은 존재하지 않는다.

마찬가지로 허약 체질이면 즉시 체력을 보강하라. 선착순이 시작되면 당신에겐 바로 지옥문이 열릴 것이다.

작은 고추가 매운 법

지난 일들을 한참 정리하고 있던 어느 날 저녁 KBS의 9시 뉴스에서는 외식 산업에 대한 보도가 무려 10여 분간에 걸쳐 있었다. 국제화, 개방화 시대를 맞아 외국 상표가 몰려온다고 난리였다.

아니, 벌써 몰려와서 우리 안방을 버젓이 차지하고 앉아 있다는 것이다. 대기업들이 더 앞장선다고 난리다. 아니, 우리나라 재벌들이 조금이라도 돈벌이가 된다고 소문난 업종에 '우리는 재벌이니까' 하는 이유로 끼어들지 않은 적이 한 번이라도 있었단 말인가?

그들은 지금까지도 그랬듯이 앞으로도 그러할 것이다.

얼마 전 미국 출장길에서 있었던 일이다. 캘리포니아주에 3개의 이태리식 식당을 경영하고 있는 사업가를 만났다. 나 역시 외식 산업에 종사하고 있던 터라 공통된 관심사도 있을 것 같아 저녁 초대에 응했다. 그 사람의 접근 의도는 자기가 경영하는 식당의 노하우(Know-how)를 전수해 줄 테니 한국에서 해볼 생각이 없느냐는 것이었다. 속으로는 어이가 없어 하면서도 비싼 저녁 식사를 거저 얻어먹은 죄도 있고 해서 예의상 관심이 있는 척, 조건이 어떤 것들이냐고 물어 보았다. 지역독점료는 미국 돈 이백만 불(약 20억 원)이고 매출액의 4%를 로열티로 내라고 한다. 생각해 준 성의는 고맙지만 그런 고액을 지불할 능력이 없다고 하자, 내가 가격을 흥정하려고 하는 줄 알고 이미 한국의 모 재벌과 상당히 심도 있는 협상이 진행 중이라고 밝히는 것이 아닌가?

도대체 우리나라 재벌들은 돈을 어떻게 벌었길래 그렇게 쉽게 몇 억, 몇십 억을 이야기하는 것일까? 그 돈이 결코 고부가가치의 제품을 수출하여 벌어들인 외화는 아닐 것이다. 아이들에게 과자, 아이스크림, 또는 껌을 팔아 모은 코 묻은 돈일 테고 그건 이 땅의 불쌍한 소비자들에게 엄청난 바가지를 씌워 긁어모은 돈일 텐데 하고 생각하자 분하기도 하고 서글퍼지기도 하여 서둘러 식사를 끝내고 호텔로 돌아온 일이 있다.

자! 재벌들이 앞장서 외국 브랜드를 들여와 이 땅의 외식 시장을 온통 휘저어 놓고 있는 이 시점에 우리 영세 중소기업들은 어찌하면 좋단 말인가? 어떤 방법이 없을까? 제아무리 거인이라 하여도 약점은 있는 법, 어디엔가 영세한 중소기업들도 파고들어 갈 틈새는 있기 마련이다. 그곳을 찾아내어 공략할 만반의 준비를 갖추는 것이 지금 우리가 할 일이 아니고 무엇이겠는가?

그들의 가장 큰 약점은 조직이 거대하기 때문에 의사 결정 과정이 복잡하여 기동성이 떨어진다는 점이다. 기동성이 부족하기 때문에 그들은 대형 점포 위주의 영업 전략에 치중할 수밖에 없으며 소형 점포는 전혀 그들의 몫이 아니다.

또한 다점포 위주의 영업 방식으로 인하여 점포별 마케팅 전략(Local store marketing)을 수립하고 실천해 나갈 수 없다.

반대로 그들은 전국적 규모의 마케팅을 TV나 주요 일간지 등을 통해 행해 나갈 수 있는 막강한 자금력을 보유하고 있다.

인원 관리 면에 있어서도 대기업은 우수한 인재를 쉽게 채용할 수 있는 장점이 있다. 즉 그들의 체계화된 봉급 체계나 근무 환경은 유능한 인재를 유혹할 수 있는 훌륭한 수단이 되고 있다. 그러나 반면 대기업의 인사 조직은 쉽게 경화되고 개인적 고충(Personal Grievance)을 해결할 수 있는 방법이 노동조합을 통한 공식적 채널로 고정되어 있으므로 중소기업처럼 인간적 유대 관계가 주축이 된 근무 환경과는 비교가 되지 않는다.

이제 이런 양측의 장점과 약점을 아래와 같은 대조표로 만들어보고 우리 중소기업의 나아갈 바를 찾아보기로 하자.

	대기업	중소기업
의사결정과정	복잡, 장시간	단순, 즉시
마케팅	전국적 규모의 물량 위주의 마케팅	해당 점포 위주의 지역적 특색에 맞는 마케팅
인사관리	비인정적, 체계적 인사관리	인간적 유대 관계에 의한 인사관리
물자구매	대량구매로 인한 원가절감	소량구매로 인한 원가압박
품질	기업의 대량 일괄구매로 신선도 저하	직접 선별구매로 최고의 신선도 유지
매장 규모	대형화, 고급화	소형화, 전문화

대충의 검토만으로도 양측의 장단점은 극명하게 드러난다. 이제는 현실로 옮겨 실전에 응용하는 것만 남았다. 〈켄터키 후라이드 치킨〉의 대치동 매장이 200평이 넘고 〈티지아이 프라이데이〉의 양재점이 300평이 넘는다고 한숨만 쉬고 있겠는가?

여러분의 10평짜리 매장을 쳐다보면서 짜증만 내고 있을 것인가? 그들이 하는 모든 것이 세련되어 보이는가? 그들이 하는 모든 영업 행위는 과학적이고 합리적이고 효율적으로 보이는가? 여러분이 하는 영업 활동은 모조리 주먹구구식이고, 감상적이고, 비위생적이고 비능률적인가? 절대로 그렇지 않다.

미야 에이지 교수는 그의 저서 『외식 비즈니스』에서 외식 산업의 특징을 아래와 같이 논한 바 있다.

첫째, 자본력이 별로 필요하지 않은 산업
둘째, 독점적 기업이 탄생하지 않는 산업
셋째, 기업의 신진 대사가 심한 기업
넷째, 소비자의 기호가 강하게 영향을 미치는 산업

 이 특징을 잘 분석해 보면 외식 산업은 차라리 중소기업에 더 유리한 산업임을 알 수 있다. 특별히 큰 자본을 들이지 않고 소비자의 기호만 잘 파악하고 소비자들의 욕구를 잘 충족시키면 충분히 승산이 있는 산업이란 것이다.
 그들은 지금 이 순간에도 여러분이 가지고 있는 의사 결정의 신속성, 기동성 그리고 종업원과 여러분의 정에 의한 인간관계를 부러워하고 여러분과 비슷해지려고 회의에 회의를 거듭하며 머리를 쥐어짜고 있다.
 여러분들이 그토록 좌절하고 있음을 알면 그들은 더욱더 날카로운 발톱으로 여러분을 할퀴려고 할 것이다.
 날카로운 눈으로 적을 노려보며 급소 한 방을 날리자! 세탁기 광고처럼 꽝!꽝!
 일본에 〈맥도날드〉의 신화를 이룩한 후지다 덴 씨는 대기업의 소유자이자 사장이면서도 대기업에 관하여 그의 불후의 명저 『유태인의 상술』에서 다음과 같이 쓰고 있다.
 "나는 큰 회사일수록 얼간이들이 많다고 생각하게 되었다. 큰 회사의 사원은 자기 힘을 과대평가하고 남을 과소평가한다. 바로 그것이 무엇보다도 그들이 얼간이라는 증거인 셈이다."

죽이느냐 죽느냐…

얼마 전 승승장구하던 사업에 비상이 걸린 일이 있었다. 외국에서도 내가 기술을 도입한 펩시코社와 팽팽한 접전을 벌이고 있는 D상표가 국내에 상륙한다는 정보가 입수된 것이다.

나는 즉시 이사진을 모아 놓고 작전을 짰다. 평소의 신념대로 '회의는 짧게, 행동은 즉시.' 나는 경쟁사인 D사에겐 조금 미안한 이야기지만 임원진에게 D사를 바퀴벌레로 규정한다고 단언했다. 한 번 한눈을 팔아 서식을 가능케 하면 그다음부턴 완전박멸이 힘들어지는 바퀴벌레처럼 우리의 힘이 미치지 않는 지역에선 무섭게 성장해 가는 것이 D사의 특징이기 때문이다.

D사의 상륙에 대비한 우리의 대응 전략은 대략 다음과 같은 것들이었다.

1. D사의 해외 영업 정보의 수집, 분석
2. 국내 D사와 관계된 각종 정보수집
3. 우리 회사의 영업상 강점과 약점을 D사의 그것과 비교 분석하고
4. D사의 영업 개시 전에 우리의 대응 전략을 수립한 후
5. 그에 따른 일제 포격을 실시한다.
6. D사의 영업 개시 후에도 철저한 영업 정보의 수집, 분석

7. 이에 따른 추가 대응 전략 수립

속속 국내 D사에 대한 정보가 수집되었다. 사장은 누구이며 자본력은 어느 정도이고 첫 점포는 어디에 열 것이고 더 나아가 실내 장식은 어느 업체에서 하고 기계 기물은 어떤 것을 구입하였는지 모두 파악되었다.

첫 점포의 위치를 면밀히 검토해 보았다. 우리 2개 점포의 중간에 D사의 첫 점포는 아래 그림과 같이 위치하고 있었다.

나는 L점과 K점을 공격 점포로 지정하고 D사의 점포에 대해 포위 공격전법을 쓰기로 했다.

주위의 시장에 대해 소개 작전을 실시하기로 하였다.

D사의 강점이란 30분 안에 배달해 준다는 것과 무료로 콜라를 제공한다는 것인바 우리는 30분 배달을 보장할 수는 없었지만 배달

시간을 줄이기 위해 양 공격 점포의 배달차량을 충분히 늘리고 D사가 영업을 개시하기 이전에 그 주변 시장에 대한 마케팅 활동을 보다 강화하여 D사가 아예 발을 붙이지 못하게 하자는 것이다. 1분기에 한 번 하던 신문 간지 배포를 일주일에 2회 또는 3회로 늘리고 콜라 무료 서비스 공세도 한층 강화했다.

드디어 D사의 영업이 개시되었다. D사에서는 눈치채지 못하였겠지만 나는 일주일 내내 직원을 파견하여 길 맞은편 도로에 차량을 주차시켜 놓고, 직원들로 하여금 D사의 배달 현황을 시간대별로 정확히 체크하도록 했다.

또한 인근 아파트의 정보망을 이용, D사의 배달용 오토바이의 출입 현황도 철저히 추적하였다.

일주일이 지난 후 나는 D사의 모든 것을 한눈에 파악할 수 있는 모든 정보를 수집하고 분석할 수 있었다. 같은 날, 같은 시간대의 우리 양 공격 점포의 영업 결과를 같이 비교, 분석하였다. D사가 그나마 몇 건씩 주문을 받는 지역에 대한 무자비한 물량 공세를 시작하였다.

D사의 어떤 판촉 활동도 우리에게 사전 감지되었고 D사가 본격적인 영업을 시작도 하기 전 내가 판촉 활동을 시작하였던 것이다. 맥이 빠지게 하는 작전이었다. 얼마를 버티다가 국내 D사는 문을 닫고 말았다. 그 후 미국의 D사는 국내 파트너를 바꾸고 다시 한번 도전해 왔다. D사와의 2회전은 1회전 때와는 양상이 사뭇 다르나 현재 경영에 임하고 있는 양측의 비밀에 관련된 부분이 많아 속 시원히 밝힐 수 없는 점이 유감이다.

죽느냐, 죽이느냐에 대한 내 대답은 다음과 같다.

"죽은 자는 말이 없다."

"말하고 싶으면 살아 있어야 한다."

아이러니하게도 지금은 D사가 〈피자헛〉을 제치고 국내시장의 선두 주자가 되었다.

4. 오는 말이 안 고와도

피 묻은 메뉴판

    오래전, 진 해크만이란 배우가 주연한 「포세이돈 어드벤처」라는 영화가 있었다. 상상치도 못했던 엄청난 재앙 앞에 우왕좌왕하는 승객들을 이끌고 수많은 모험을 감행하며 수면을 향해 한 걸음 한 걸음 나아가는 그는 누가 보아도 믿음직한 영웅이었다. 대한극장의 대형 화면으로 그 영화를 감동 깊게 보고 나오며 '내가 그런 상황에 처하면 어떻게 행동할까?' 하고 반문했었다.

    하지만 얼마 지나지 않아 나에게 그런 일이 실제로 벌어지리라고는 그 누가 상상이라도 하였겠는가?

    1985년 늦가을, 이태원의 〈피자헛〉 1층. 그날따라 유달리 손님이 많았다. 저녁 10시경 4층의 사무실에서 그날의 잔무를 정리하던 중 걸려온 인터폰. 1층 현금 출납 직원의 비명에 가까운 외침을 듣고 순간 숨이 멈추는 것 같았다.

    "사장님, 큰일 났어요! 빨리…."

    '불이 났나? 가스가 터졌나? 아니면 오븐을 통과하던 피자가 갑자기 통닭으로 변했나?'

    그러나 1층 출입문을 여는 순간 눈앞에 벌어진 상황은 너무나도 뜻밖이었다. 창가 쪽 세 테이블에 나누어 앉은 5명의 미군 병사들의 모습은 꿈에 다시 볼까 무서울 정도로 처참하였다. 그들은 온통 피투성이였다. 또한 하나같이 말을 제대로 못 할 만큼 만취되어 있었다. 이들이 매장에 밀쳐 들어왔으니 단란하게 늦은 저녁을 즐기던 우리 고객들이 얼마나 놀랐겠는가?

'침착해야지, 난 진 해크만보다 머리숱도 훨씬 많잖아.'

아랫배에 힘을 주며 스스로를 다짐했다. 일행 중 가장 덜 취해 보이는 친구에게 다가가 물었다.

"메뉴가 필요하십니까?"

약간의 위압적인 보스턴 악센트(?)를 가미한 영어로 말이다. 메뉴를 보여 달라는 어투가 완전히 도발적인 어투이다. 이럴 때 조금이라도 약점을 보이면 그 순간 매장은 난장판이 될 것이 분명하다. 메뉴를 전해 주고 난 후 주문장을 들고 되도록 천천히 주문할 것을 요구하였다.

"피자 대형 2판에, 콜라 5잔."

주문해 주어 고맙다는 인사말을 하고는 직원들의 준비코너로 돌아오자 여직원이 말도 제대로 하지 못하며 메뉴판만 가리키는 것이 아닌가? 투명비닐로 싼 메뉴판이 온통 피범벅이었다. 피자를 서브하기 위하여 테이블로 다가서자 한 친구가 일어서며 화장실이 어디냐고 묻는다. 2층이라고 충분히 설명하였음에도 불구하고 1층 홀에서 용변을 보겠다고 주섬주섬 바지를 내리는 것이었다. 그 병사를 가려서며 단호히 그러나 힘 있는 어조로 바지를 올리고 2층으로 올라가도록 이야기하였다. 그는 피투성이 얼굴에 잔뜩 취한 채 나를 째려보고 있었다. 한참을 그러더니 슬그머니 자기 자리로 돌아갔다. 언제라도 나와 그들 간에 조그마한 신체 접촉이 벌어지면 그 결과는 아무도 예상 못 할 큰 사고로 번질 듯한 분위기였다. 먹는 둥 마는 둥 하고 그들이 일어서자 다시 한번 긴장감이 감돌았다. 재빨리 계산원을 주방으로 보내고 내가 그 자리에 섰다.

"손님, 2만 7천600원 되겠습니다."

그들은 횡설수설하더니 한 병사가 "돈이 없어 못 내겠다."고 시비를 걸어왔다. 나는 그들을 노려보며 말했다.

"다시 한번 말씀드립니다. 금액은 2만 7천600원입니다."

그러자 놀랍게도 순순히 계산을 하는 것이 아닌가? 다음 날 밝혀진 바로 그들은 이태원 초입 쪽 유흥가에서 다른 미군 병사와 집단으로 패싸움을 하다가 피해 들어온 것이었다.

식당도 전철역이나 버스터미널과 같이 제각기 다양한 욕구를 지닌 불특정 다수가 함께 시간을 보내는 공간이다. 따라서 위급한 상황은 언제라도 벌어질 가능성이 있는 장소라고 할 수 있다.

평소에 직원들은 '매장에서의 금기사항 20여 가지'에 대하여 교육을 받고 있으며 그중 가장 강조하는 것이 바로 '매장에서는 절대로 뛰지 말라.'는 것이다. 고객들이 안정된 분위기에서 식사할 수 있도록 배려하는 것이 종업원이 제일 먼저 지켜야 할 임무이기 때문이다.

그 외에 일반적으로 종업원들에게 금기 사항으로 가르치는 것에 다음과 같은 것들이 있다.

- 손을 비비거나, 코에 손을 대거나, 머리를 만지고, 몸을 긁거나 양말에 손을 대는 행위를 하지 말 것
- 깨끗한 유니폼을 착용할 것
- 손톱을 단정히 손질할 것
- 머리를 자주 감아 비듬이 보이지 않도록 할 것
- 개인적 장신구를 착용하여 고객의 시선을 분산시키지 말 것
- 지나친 화장 및 향기가 강한 향수를 사용하지 말 것
- 손에 크림을 바른 채 잔에 손을 대지 말 것
- 신발을 끌지 말 것
- 고객 쪽을 쳐다보며 웃지 말 것
- 고객 쪽을 쳐다보며 손가락질하지 말 것
- 고객 흉을 보지 말 것
- 담배를 피우거나 껌을 소리 내서 씹지 말 것
- 음식 그릇은 항상 밑을 받치고 나를 것(요즈음 성업 중인 젊은 세대가 자주 출입하는 T식당의 경우 종업원들이 병목을 손에 잡고 나른다. 왜 그러느냐고 물었더니 '신세대의 멋'이라고 한다. 신세대의 멋을 모른다고 할지 모르나 도저히 그 맥주를 마실 마음이 나지 않았다.)
- 동료끼리 상스러운 욕을 하지 말 것
- TV나 라디오를 듣지 말 것
- 고객의 좌석에 앉지 말 것
- 신문이나 잡지를 보지 말 것

이토록 하지 말라는 것이 많아 음식점 종업원 하기가 무척이나 어려울 것 같아 보이나 자세히 살펴보면 대부분 상식적인 금기사항들이다.

다시 말하면 누구나 생각할 수 있는 건전한 상식에 준하여 사고하고 행동하면 된다는 뜻이기도 하다. 30년 전 이러한 매뉴얼이 처음 알려졌을 때에는 신선한 충격이었으나 요즈음 조그만 식당에도 다 알려지고 지켜지는 것을 볼 때 그만큼 많은 발전이 있었다는 이야기가 아닐까?

쭈그리고 먹는 피자

1984년 12월 미국의 펩시코 본사와 대망의 기술도입 계약서에 서명하였다. 곧이어 보건사회부에 허가 신청이 들어가고 이태원 1호점의 공사에 박차를 가했다. 이듬해 1월 들어 미국행 비행기에 다시 몸을 실었다. 연수 교육을 받기 위해서였다. 당시 〈피자헛〉 본사에서는 나와 기술도입 계약을 체결한 후 상당히 곤란한 문제에 처하게 되었다. 지배인급 인력에 대한 교육은 계약과 동시에 미국 현지에서 한 바 있으나 나에 대한 훈련이 문제였던 것이다. 미국 측에선 지배인들이 이미 충분한 교육 훈련을 받았는데 뭐 굳이 사장까지 직접 받을 필요가 있겠는가 하는 것이었다. 또 마땅히 사장 한 명을 위한 별도의 훈련 과정이 있는 것도 아니었고 신입 사원들이나 하는 훈련을 사장보고 받으라고 할 수도 없기 때문이었다.

그들의 사정을 이해하고 오랜 친구인 NRC사의 회장인 Mr. Ferdowsi에게 그가 운영하고 있던 약 50여 개의 〈피자헛〉 가맹점 중 가장 적당한 점포에서 훈련을 받을 수 있도록 주선해 달라고 부탁하였다.

점포가 선정되었다는 연락을 듣고 비행기에 올라탔다. 점포는 테네시주에 위치한 딕슨시에 있었다. 인구 5,000명의 아주 조그만, 미국의 전형적인 전원 도시였다. 점포에서 가까운 곳에 작은 모텔이 있어 숙소로 정했다.

훈련 예정은 1주일, 언어 소통에 문제가 없으니 그들이 사원을 채용했을 때와 똑같이 훈련시킨다는 조건이었다.

첫날, 모자 쓰고 앞치마 두르고 거울 앞에 서 보니 그런대로 괜찮아 보였다. 점장이 이런저런 주의를 준 후 주방에 들어가 각 공정을 두루 돌아다니며 헬퍼를 하라고 하였다. 제일 먼저 냉동된 치즈를 잘게 부숴서 냉장고로 옮기는 작업에 배치되었다. 처음 몇 분간은 흥미도 있고 하여 재미있게 하였으나 냉동되었던 치즈를 손으로 다루자니 손이 여간 시린 것이 아니었다.

이후 배치된 곳이 양파 써는 작업이었다. 양파를 날카로운 칼날로 망처럼 쳐놓은 그물 위에 놓고 작두 손잡이 같은 걸로 내리 눌러 썰어내는 작업이다. 주방 한쪽 구석에 쭈그리고 앉아 그 일만 몇 시간 하고 나니 도저히 눈을 뜰 수가 없었다.

화장실에 가 눈을 씻고 또 씻어도 자꾸만 눈물이 나왔다. 이처럼 강요된 눈물을 흘린 게 언제였나? 아! 대학교 3학년 때 데모하다 최루탄에 눈물 흘린 이후 강요된 눈물은 처음이다. 대학 졸업하던 해 돌아가신 아버님 영전에서 흘린 눈물은 강요된 것이 아니었으니까.

한참을 울고 나오니 이번엔 또 피망을 썰라 한다. 바닥 청소, 화장실 청소, 이건 뭐 소림사 무예를 배우는 것도 아닌데 피자 한 번 만들게 해주지도 않고 허드렛일만 시키니 답답하기 짝이 없었다.

이런 과정을 거친 후 피자도 만들고, 또 홀에 나가 손님들로부터 직접 주문도 받고, 음식도 나르고, 눈코 뜰 새 없이 하나라도 더 배우고 익히려고 뛰어다녔다.

그런 가운데 유난히 내 눈을 끄는 한 금발의 여종업원이 있었다. 당시 20세의 나이로 자그마한 체구에, 그러나 펄펄 힘이 넘쳐흐르는 듯한 아가씨였다.

고객을 안내하고, 주문을 받고, 음식을 나르다가 바쁘면 주방에도 직접 뛰어 들어가 일손을 거들기도 하는데, 옆에서 보면 정말로 바람 소리가 나는 듯이 일손이 빠르다.

하루는 내가 열심히 피자를 자르고 있는데 피자 한 조각을 들고 와 갑자기 쭈그리고 앉더니 사정없이 먹어대는 것이 아닌가? 미국에서는 시급제로 일하는 직원에게는 식사 시간이 되면 피자 한 조각을 식사용으로 제공하되 식사 시간은 별도로 주지 않는다. 계약된 근무 시간은 지키되 그 안에서 적당히 해결하라는 것이다.

그러니 서브하는 중간중간 틈이 나면 주방으로 들어와 홀의 손님들이 안 보이게 바닥에 쭈그리고 앉아 먹는 것이었다. 어찌 보면 무척 안돼 보이기도 하나 사실은 그들의 그토록 열심인 근무 자세가 부러워 보였다. 더욱이 내가 놀란 것은 이 아가씨가 자신의 근무 시간이 끝나자마자 평상복으로 갈아입은 후 테이블에 앉아 친구들과 같이 회식을 즐기는 것이 아닌가? 후에 그 아가씨에게 물어 보았다. 자신이 근무하는 식당에 친구 불러오는 것이 꺼려지지 않느냐고.

그 아가씨 대답이 자기가 친구를 데려오기를 거리낄 정도의 직장이면 아예 근무하지도 않았을 거라는 것이다.

그후 나는 관심 있게 그 아가씨를 지켜보았다. NRC사의 시급제 직원을 거쳐 Full-Time 사원이 된 후 그 점포의 지배인이 되었다고 한다.

피자 한 조각을 쭈그리고 앉아 먹을 수 있어야 지배인이 될 수 있다. 또 그런 사람이 지배인이 되어야 한다.

이야기는 다시 연수 생활로 돌아온다.

평소에 달리기, 자전거 타기 등으로 체력이 상당히 단련되어 있다고 자신하였건만 35세의 나이가 그렇게 여유 있는 나이는 아니었던 모양이다. 하루 종일 서서 근무하다 모텔에 돌아갈 때면 다리가 퉁퉁 부어오르는 것이었다. 욕조에 더운 물 받아 놓고 30분 이상씩 드러누워 몸을 풀어도 가라앉질 않았다. 베개를 발쪽에 포개 놓고 누워 있어 보아도 다리를 올려놓을 때만 시원할 뿐 쑤셔 오기는 마찬가지였다. 앞으로 할 일이 태산 같은데 체력이 이 정도밖에 안 되나 싶으니 참으로 한심했다. 서울에 돌아가면 체력 관리에 단단히 신경 써야겠다고 다짐했다.

일주일 후 서울로 돌아와 그들로부터 받아온 매뉴얼을 차분히 정독해 보았다. 현장에서의 경험을 토대로 읽어 나가다 보니 매뉴얼의 내용이 한눈에 들어오는 것 같았다. 이후 나는 직원들을 훈련차 출장 보낼 때는 반드시 교육 담당자에게 연락하여 저녁이면 호텔에 돌아와 끙끙 앓을 정도로 몰아붙이고 중간 식사는 대접한답시고 별도의 식사를 준비하지 말고 주방 바닥에 쭈그리고 앉아 피자 한 쪽으로 해결토록 하라고 부탁하였다.

호된 시집살이 한 며느리가 나중에 더 호되게 시집살이 시킨다고 하지 않던가.

짬짬이, 몰래 앉히자

인류는 직립을 하기 때문에 비약적인 발전을 했다는 것이 정설인 것 같다. 그러나 직립으로 인한 직접적 피해는 사람의 허리에 닥쳐온다. 누구나 오래 서서 일하다 보면 피로를 느끼게 되고 잠시라도 앉아서 쉬게 되면 허리도 편해지고 다리도 편해진다. 그러니 가급적 앉아서 일하고 싶다는 생각이 들게 마련이다.

그러나 고객의 눈에 띄는 위치에 있는 한 무조건 서서 근무해야 하는 것이 외식업체 종업원이 지켜야 할 철칙이다. 일선 종업원뿐만 아니라 지배인이나 또는 주인의 경우에도 마찬가지다. 이 책을 쓰기 시작하면서 더욱더 큰 관심을 가지고 국내의 이름 있는 식당들을 찾아가 식사를 해보며 식당 운영의 이모저모를 살펴보았다. 그때 발견한 것 중의 하나가 바로 '서서 근무하기'가 철저히 지켜지지 않는다는 것이다. 물론 일선 종업원의 경우는 거의 대부분 철저히 지키고 있으나 지배인이나 주인의 경우 잘 지키지 않음을 보게 된다.

홀이 꽉 차 있으면 앉으려야 앉을 자리가 없으니 별 문제가 되지 않으나 자리가 한가해지면 매장의 테이블에 앉아 서류를 정리한다든지 종업원들에 대한 지시를 좌석에 앉아서 한다든지 하는 장면을 흔히 보게 된다. 생각하기에 따라서는 매장도 한가한데 빈자리에 좀 앉아서 일하기로서니 뭐 그리 대수냐고 할지 모르나 이것은 절대로 금기이다. 한 사람이라도 고객의 눈에 그런 모습이 비치면 그 식당은 고객에게 서비스할 자세가 갖추어져 있지 않은 것으로 보이게 된다.

따라서 고객의 눈에 보이지 않는 공간을 마련하여 간단한 업무를 보게 하거나 또는 피곤한 몸을 쉬게 할 수 있도록 배려하여야 한다. 현실적으로 별도의 공간 확보가 어려우면 직원들로 하여금 유니폼 위에 사복 점퍼를 걸치도록 하고 자리에 앉게 하여야 한다.

1985년 〈피자헛〉 1호점을 이태원에 열었을 때의 일이다. 1층 면적이 지나치게 좁은데도 무리하여 주방까지 설치하다 보니 지배인이 앉아서 근무할 공간이 전혀 없었다. 생각다 못해 짜낸 공간이 지하 주방으로 내려가는 비상계단이었다. 그 자리는 매장의 한쪽 구석에 있었고 지하로 가파르게 연결되어 있어 계단에 앉아 있으면 바로 1-2미터 앞의 고객도 전혀 볼 수 없게 되어 있었다. 계단에서 나와 매장에 들어서면 여유 있는 걸음걸이와 환한 웃음으로 고객을 접대하지만 계단으로 들어서면 편하게 걸터앉아 다만 1-2분이라도 휴식을 취하는 것이다.

초창기 밀려드는 고객 덕분에 금전등록기 안의 현금이 넘쳐 하는 수 없이 중간에 현금 뭉치를 들어내고 세어 보던 장소도 그 계단이었고, 고의적으로 매장에서 소란을 피우던 불량배를 손보도록 '장군의 아들'에게 부탁하던 장소도 바로 그 계단이었다.

하루 8시간 또는 9시간을 계속 서서 근무하게 되면 튼튼한 사람도 다리가 붓기 마련이고 허리에 무리가 오게 된다. 따라서 중간중간에 휴식을 취할 수 있는 적당한 공간을 확보해 주어야 하는 것이며 큰 투자를 하지 않고서도 그 공간을 확보하는 것이 현명한 경영자가 해야 할 바이다.

오는 말이 안 고와도…

"야, 임마, 똑바로 해놓고 장사해!"

수십 년이 지난 지금도 잊지 못하는 이 말은 조금 흔들려 보이는 고객의 테이블을 고정시켜 드리기 위해 테이블 밑의 나사를 조이고 있던 내 머리 위에 떨어진 고객의 충고(?)였다.

현장 종업원들의 대화모임을 운영해 온 경험에 의하면 요식업체 종사원의 최대의 불만은 '고객의 반말'이다.

우리의 선현들이 남겨 주신 수많은 격언들 중 유독 "가는 말이 고와야 오는 말도 곱다."라는 말은 요식업에 종사하는 우리에겐 그대로 적용되지 않아 안타깝다.

요식업에서는 "가는 말이 고와도 오는 말은 안 곱다."로 고쳐야 하겠으니 말이다.

왜 유독 우리나라에서는 식당의 종업원에 대한 반말이 심한 것일까? 고객의 입장에서 보면 의식주라는 인간의 3대 본능 중 가장 중요한 욕구를 도와주는 이가 식당의 종업원들이건만 왜 그렇게 반말이 일반적일까?

우리 사회가 오랜 세월 동안, 계급 및 연공서열의 사회였다는 점도 작은 이유의 하나가 되겠다. 식당의 종업원은 고객에게 서비스를 제공하여야 한다. 사실 서비스란 말의 어원은 바로 'Servitude'로 거슬러 올라간다. 이는 노예상태, 즉 주인 또는 고용주에의 예속상태를 뜻하는 것이다.

현대사회에 있어서 서비스란 말이 가지는 묘미란 한시적이며 계약적이라는 데 있다. 오늘과 같은 사회에서 노예라니 어디 가당키나 한 말인가? 그러나 그것이 한시적이고 계약적이기 때문에 서비스를 제공하던 사람도 그 계약을 떠나면 스스로 주인 또는 고용주의 입장에 서게 된다. 그렇기 때문에 서비스가 하나의 직업으로서 전문성을 가지게 되는 것이다.

우리 사회를 특징짓는 또 하나의 규범은 삼강오륜에도 나오듯이 나이 든 분을 항상 공경해야 한다는 장유유서의 덕목이다. 그래서 그런지 젊은, 아니 어린 종업원이 종사하는 식당에 가보면 대부분의 경우 고객들이 아랫사람 대하듯 반말을 많이 쓰는 것을 보게 된다. 그러나 지긋이 나이 든 아주머니들이 종사하는 식당에서 고객들이 반말로 주문하는 것을 본 적이 있는가? 있었다면 그것은 상당히 예외적인 일일 것이다.

그렇다면 식당에서의 반말의 주범은 바로 장유유서이다. 그러나 반말을 듣지 않겠다고 종업원을 모조리 고령자로 바꿀 수야 없지 않은가? 나는 반말에 관하여는 업계 스스로 반성해야 할 대목이 더 많다고 본다. 조직적, 과학적 운영으로 단순한 식당의 단계를 넘어서 기업으로 발전시키지 못함으로 인하여 우수한 인재를 쓰지 못하며, 이는 서비스의 질적 저하를 초래하고 이것이 고객의 반말로 되돌아오는 악순환을 초래한다.

그러면 수십, 수백 개의 체인 레스토랑이나 초대형 식당만이 조직적, 과학적 운영을 할 수 있는가?

아니다. 오히려 조그만 식당이 더 능률적 운영의 시범이 될 수 있다. 업주가 종업원과 직접 대화가 항시 가능하므로 보다 강도 높은 서비스 교육이 가능하기 때문이다.

고객이 매장에 들어서는 순간부터 전 종업원의 서비스에 대한 열의를 피부로 느끼게 하자. 계산을 끝내고 나가는 고객으로부터 "감사합니다. 잘 먹었습니다."라는 인사말을 듣지 못한다면 당신의 업소에서 고객에게 행한 봉사는 아직도 노예로서의 봉사인 것이다.

수십 년이 지난 지금도 감정노동자에 대한 각종 형태의 갑질이 사회적 논란이 되는 것을 보면 우리 사회는 그사이 조금도 발전하지 못하였다는 것일까?

웃으면 복이 와요…

하루에도 열두 번씩, 일 년 365일 내내 내가 종업원들에게 부탁하는 말이 하나 있다.

"웃읍시다!"

실제로 지구상에 있는 그 수많은 직업 중에서 서비스업, 그것도 고객을 면전에서 대하는 음식점에 종사하는 종업원들이 그 어떤 직업보다 선택 받은 직업이라고 내가 주장해 온 근거가 바로 이 '웃음'에 있는 것이다.

외국 어느 학자의 조사에 의하면 찡그릴 때와 잔잔한 미소를 지을 때 안면에 있는 근육이 사용되는 횟수는 무려 10배의 차이를 보인다고 한다. 웃으며 근무하는 사람보다 찡그리며 근무하는 사람이 10배 정도 빨리 늙어 보인다는 것이다. 얼굴을 제외한 신체의 모든 근육은 쓰면 쓸수록 발달되지만 얼굴의 근육은 쓰면 쓸수록 골이 깊게 파이고 늙어 보이는 것이다.

원래부터 자신의 미용을 위해 생글생글 웃어가며 근무하는 종업원이 있다 하자. 그 이유야 어찌되었건 그 종업원의 근무 태도를 평가하는 상급자로서는 아주 우수한 점수를 매기게 될 것이다. 반면 실수하지 않으려고 아주 진지한 자세로 근무한답시고 심각하게 굳은 표정으로 근무하는 직원이 있다고 하자. 고객은 고객대로 마음이 불편하고, 그 종업원을 평가하는 상급자의 눈에는 매우 부적절한 근무 태도로 평가될 것이 분명하다.

'웃읍시다. 웃으면 몸에 좋습니다. 고객을 편하게 대해 드리려면 웃어야 합니다.' 등등 웃음교육을 반복하였건만 현장에서 근무하는 종업원들을 유심히 관찰해 보면 웃으며 근무하는 종업원이 그렇게 많지는 않다.

어떻게 하면 웃을까? 왜 웃지 않을까? 참으로 어려운 질문이다.

하지만 식당업을 하는 분들이 꼭 대답할 수 있어야 할 질문이기도 하다.

왜 웃지 않으며 어떻게 하면 웃을 수 있을까?

우선 종업원의 자질에서부터 해결책을 찾아볼 수 있겠다. 식당업에 종사하는 종업원을 선발함에 있어 가장 중요한 체크 포인트는 사람을 좋아하는 타입인가 아닌가 하는 것이다.

기본적으로 사람을 좋아하지 않는 성격의 사람은 제아무리 교육 훈련을 시키고 본인이 노력하여도 웃음이 몸에 밸 수가 없기 때문이다. 사람을 좋아하는 외향적 성격의 사람이라야 교육을 더하면 더욱 더 세련된 웃음을 갖추게 된다.

다음으로 나의 관찰과 경험에 의한 결론은 자신 있는 종업원은 웃을 수 있고 자신이 없는 종업원은 웃을 수 없다는 것이다.

그 자신이란 무엇에 대한 자신일까?

웃음에 필요한 자신이란 자기가 수행하는 직무에 대한 자신과 자기의 장래에 대한 확신을 말한다.

실제로 내가 경영해 온 〈피자헛〉, 〈타코벨〉, 〈로터스 가든〉, 〈케니 로저스 로스터스〉에서 종업원과 같이 일해 본 경험에 의하면 메뉴 및 그 특성에 대해 내가 완벽한 지식을 갖추고 있지 못하면 웃고 싶어도 웃기가 힘들어진다. 고객에게 서브하면서 언제 실수할지 모르는데 어떻게 웃음이 나올 수 있겠는가?

또한 지금 당장은 일하기가 고되고 어렵더라도 일정 기간이 지나면 어떠어떠한 승진의 기회가 있고 10년 후, 20년 후 자신의 미래상에 대해 확신을 가질 수 있는 경우 웃음 지을 수 있는 것이다.

따라서 당장의 '근무 시간 단축', '근무 환경 개선' 및 '봉급 인상'과 같은 대책은 단기적 효과는 볼 수 있으나 근본적 대책이 될 수는 없다.

외향적인 성격의 자질 있는 직원을 뽑아 충분한 교육을 통해 자신감을 심어 주자.

'웃으면 승진합니다. 따라서 복이 옵니다.'

거울도 안 보는 여자…

'설마 여자인데 거울을 안 보다니 말도 안 돼.'라고 할지 모르나 실제로 나의 경험에 의하면 '거울도 안 보는 여자'가 참 많다. 식당에서의 유니폼이란 종업원의 신분을 나타내는 표시일 뿐만 아니라 더 나아가 고객에게 서비스를 하고자 하는 열의, 식당의 청결도, 음식의 품질 등 식당의 모든 것을 측정할 수 있는 바로미터이다.

프랜차이즈 식당의 경우 직원 수가 일정 수준을 넘어서면 개개인의 체형에 따라 유니폼을 맞출 수 없어 체형을 소, 중, 대로 구분하여 상당량을 일괄 구매하고 비축해 두었다가 신입 사원에게 배급한다.

신입 사원으로 채용되어 소정의 교육을 마치고 나면 임명장 수여와 동시에 유니폼도 지급된다. 현장 근무 48시간 전에 지급하는 이유는 몸에 맞는지 사전에 체크하고, 미리 다림질을 해서 단정하게 입으라는 것이다. 또한 각 매장의 종업원용 라커룸에는 대형 전신거울을 걸어 두고 매장으로 나오기 전 자신의 모습을 다시 한번 체크해 보도록 하고 있다.

나는 1971년부터 1974년까지 해군사관학교 교관으로 근무한 적이 있다. 이때 나는 유니폼에 관하여 많은 것을 보고 배웠다. 사관학교란 군 교육기관이며 동시에 대학 교육과정이란 양면성 때문에 학구적이며 낭만적인 분위기와 함께 군의 중추가 될 후보생 장교로서의 엄격성 및 절도가 요구되는 묘한 곳이다.

머리는 항상 단정하게 빗어 넘기고, 군복은 칼날처럼 줄을 세우고, 구두는 항상 반짝거려야 한다. 그럼에도 불구하고 강의실에서는 부드러운 분위기로 정치, 경제를 논하고 문화를 이야기해야 하는 것이다.

사관학교 출신이 아닌 간부후보생 출신 교관들의 군복 관리 상태를 보면 그 사람의 성격, 근무 성적, 군생활에 임하는 정신 자세 등 모든 것을 미루어 짐작할 수 있다. 이것은 놀랍게도 제대 후 사회생활에 적응하는 모습에서도 그대로 이어진다.

항상 신경을 써서 군복을 관리하던 어떤 장교는 배급 받은 군복 외에 적은 봉급을 쪼개어 시내의 양복점에서 똑같은 감으로 군복을 한 벌 더 마련하는 것을 보았다. 그의 독신장교 숙소에 가 보면 옷장에는 여벌의 군복이 잘 다림질 된 채 옷장에 항시 걸려 있었다. 그는 제대 후 사회에 나와서도 언제나 단정한 용모로 근무하여 그를 옆에서 보는 상사나 부하 모두의 마음을 편하게 해준다고 들었다. 당연히 승진도 남보다 빠를 수밖에. 마흔을 넘기고 머리도 남보다 빨리 흰머리가 많아져 중년으로서의 듬직함까지 함께 갖추니, 친구 되었음이 자랑스럽게 느껴지는 것이다.

그 반대는 어떠한가? 쉽게 상상할 수 있을 것이다.

대형 또는 프랜차이즈 식당에서는 유니폼을 입는 것이 당연하다고 느끼는 사람들도 소형 식당의 경우 '굳이 유니폼을 입을 필요가 있을까? 어떤 옷이든 단정히 입으면 충분하지 않은가?' 하고 생각하는 경향이 있다. 그렇지 않다.

소형 식당의 경우에도 나는 당연히 유니폼을 입어야 한다고 주장한다. 정 유니폼 착용에 문제가 있다면 가슴부터 가릴 수 있는 앞치마라도 단정하게 착용하여야 하며 머리에 모자를 쓸 수 없으면 흰색 스카프를 사용하여 머리카락이 정면으로부터 넘쳐 보이지 않도록 하여야 한다. 이것은 서비스업에 종사하는 사람으로서의 기본적 예의에 속하는 문제이다. 얼마 전 모 일간지에 실린 제화점 서비스센터에 근무하는 한 사람의 이야기에 많은 감명을 받은 바 있다. 환갑이 넘었음에도 불구하고 새치 하나 없이 새까만 머리를 하고 있는 것을 의아해한 기자가 물었다. 그는,

"이 나이에 멋 부려 무얼 하겠습니까? 그저 '서비스업'에 종사하는 사람인만큼 최대한 단정하고 건강해 보이는 것이 고객에 대한 예의라고 생각해서 물을 들였지요."라고 대답하였다.

자! 지금 이 시간부터 서비스업에 종사하는 여러분! 거울 한 번 더 보기 운동을 벌입시다. 거울도 안 보는 직원! 서비스업계를 영원히 떠나 주십시오.

꼬리를 못 자르면

내가 30여 년 전 〈피자헛〉을 창업한 후 1993년 6월에 손을 놓을 때까지 변함없이 해왔던 몇 가지 중의 하나가 신입 사원 교육 시 서비스에 관한 교육을 직접 해 온 것이다. 또한 그 교육 내용 중 빠짐없이 등장했던 메뉴가 바로 '꼬리론'이었다.

종업원들은 출근하여 탈의실에 들러 유니폼으로 갈아입고, 핸드백 등, 사물을 개인 사물함에 넣어 놓고 매장으로 나온다. 이 때 '평소의 자기 자신'을 달고 나오기 때문에 매장에서의 불친절 문제가 야기된다는 것이 나의 주장이다. 서비스업체의 종업원은 매장에 들어서기 전에 여하한 경우에도 일단 '평소의 자기 자신'을 벗어 사물함에 넣어 놓고 유니폼을 입은 한, 그 유니폼이 상징하는 친절한 서비스를 고객에게 베풀어야 한다는 것이며, 퇴근 후엔 그 어느 누구도 종업원에게 '평소의 자기 자신'을 회사에 남겨 두고 가라고 하지 않으니 그 땐 제발 가져가라는 것이다.

이제 꼬리를 따라 묻어 들어온 '평소의 자기 자신'때문에 생겨나는 불친절의 실례를 들어 보기로 하자.

자기 또래나 어린 나이의 고객에 대한 불친절

이것이 가장 대표적인 예이다. 나이 어린 고객에게 주문을 받아 적거나 또는 음식을 서브하면서 종업원들이 "나이도 어린 것들이…, 나이 든 나는 음식이나 나르고… 나는 이게 뭐야." 하는 생각을 하게 되면 자연 친절한 서비스와는 거리가 멀어지고 적대감만 표출하게 된다.

공휴일의 불친절

대부분 가족 식당의 경우 토, 일요일 이틀의 매출이 기타 5일간 평일의 매출과 거의 비슷하다. 자연히 토, 일요일이 가장 바쁜 날이다. 이 경우 꼬리가 달린 종업원은 "남들은 다 노는데 나는 일요일 일을 해야 하다니….' 하고 생각하게 되고 일요일을 즐기는 고객에게 적대감을 가지게 되는 것이다.

그러면 남들이 일하고 있는 주중에 휴일을 찾아 노는 경우는 어떻게 생각해야 하나? 실제로 시내의 모 특급 호텔의 양식당은 일요일에 영업을 하지 않는 곳이 있다. 왜냐고 물어 보았더니 "노조가 생긴 이후, 남들 다 노는 일요일에 같이 놀아야 친구도 만나고 할 수 있어 일요일 영업을 하지 않는다."고 한다. 그럼 호텔에 투숙한 고객들은 어찌하란 말이냐고 물었더니 노조에서는 그건 우리가 알 바 아니라고 하더란다. 이제 그만큼 노사 간의 진통을 겪었으면 무엇이 콩이고 무엇이 된장인지는 구분할 때가 되지 않았을까?

식사 시간대의 불친절

어느 식당의 경우에도 종업원을 굶기는 경우는 없을 것이다. 대부분 자체 조리시설이 있는 경우 종업원을 위한 별도의 메뉴를 짜서 식사를 제공하고 있으나 그 식사 시간이란 것이 매장의 영업시간과 중복되어서는 곤란하므로 대개 아침 겸 점심의 경우 10시 30분부터 11시 30분까지, 늦은 점심 겸 저녁의 경우 4시 30분부터 5시 30분까지가 보통이며, 늦은 저녁 잔업의 경우에는 라면을 제공하는 것이 보통이다. 그렇지 못할 경우 도시락 배급 업체로부터 공급받는 경우가 많다.

그러나 노동조합지에 실린 한 조합원의 투고는 놀랍게도 "남들은 부모 잘 만나 이런 번듯한 식당에서 식사를 즐기는데 우리는 라면으로 허기진 배를 채우고…." 하는 것이 아닌가? 이건 좀 심각하다. 갈빗집 종업원이 "고객들은 매일 갈비를 먹는데 우린 이게 뭐냐?" 한다면 그들을 어떻게 설득해야 하나? 그런 생각을 가지다 보니 식당이면 당연히 가장 바빠야 할 식사 시간대에 더 불친절해지는 것이다.

실제로 매장에 들어서서 종업원들의 눈빛을 살펴보면 대충 평소의 근무 태도를 짐작할 수 있다. 눈빛이 초점을 잃고 있으면 그 말썽 많은 꼬리가 아직도 달려 나왔다는 이야기이다. 산재 사고가 많이 나는 제조업체에서 얼마 전 산재 사고자의 가정환경을 조사해 본 바 90% 이상이 가정에 문제가 있는 사람이었다고 한다. 자녀들이 속을 썩이든지, 전셋집 주인이 터무니없이 전세금을 올려 달라고 한다든지, 아내의 바가지가 심하든지 등등 문제가 있을 경우 근로자들은 마음은 딴 곳으로 가 있는 채로 근무하다가 사고를 많이 당한다고 한다.(물론 제조업체의 현장 자체의 구조적 결함이 있기도 하겠지만.)

제조업체의 산재 사고는 바로 서비스업체의 불친절과 같은 것이다. 바로 그 꼬리를 자르지 못했기 때문에….

5. 아름답고 능률적인 그림

아름답고 능률적인 그림

누구나 처음 도화지와 크레용을 손에 잡으면 가슴이 설레는 법이다. 엄마도 그리고, 아빠도 그리고, 산과 들도 그리고, 아니 지구상의 눈에 보이는 모든 것을 그리고 싶어 할 것이다.

음식점 또한 마찬가지인 것 같다. 처음 텅 빈 건물의 평면도를 넘겨받고 나면 어떤 그림을 어떻게 그려야 할 것인가 하고 망설여지게 된다.

가족 식당을 차릴 것인지, 아니면 배달 및 포장 전문 점포가 되게 할 것인지, 도는 젊은 연령층의 유동 인구가 만나는 장소로 부각되게 할 것인지 업소 주인의 결정에 따라 그 내용이 천차만별로 달라지게 된다. 그러나 어떠한 형태의 업소로 결정되더라도 꼭 지켜져야 할 기본적인 사항이 몇 가지 있음을 나는 지난 30여 년간의 경험을 통해 알게 되었다.

그 내용은 다음과 같다.

첫째, 출입구에는 공간이 허용한다면 조금은 무리를 해서라도 공기 차단벽을 설치해야 한다는 점이다.

이 작은 공간의 공기 차단벽은 실외의 열기, 냉기의 차단은 물론 소음도 차단해 줄 뿐만 아니라 고객이 너무 많은 경우 고객들의 동선 정리에도 탁월한 역할을 하게 되는 것이다. 이제 효율적인 공기 차단벽과 비효율적인 공기 차단벽의 예를 그림으로 보기로 하자.

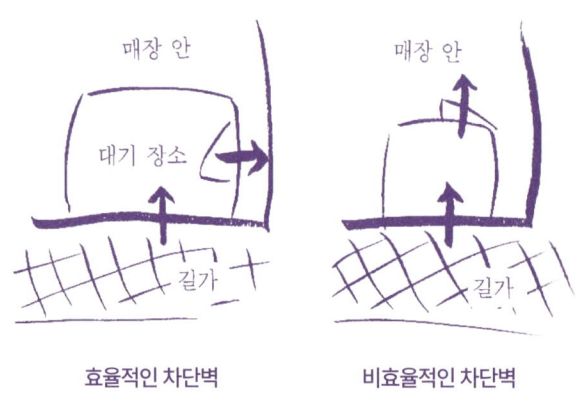

효율적인 차단벽　　　비효율적인 차단벽

그림에서 보는 바와 같이 효율적인 공기 차단벽은 외부에서 들어온 공기가 매장으로 들어가려면 90°로 꺾여야 하므로 차단 공간의 온도를 잘 조절하면 완벽하게 실내외의 공기가 차단되나 공기의 흐름이 직선으로 연결되는 비효율적인 공기 차단벽은 거의 차단의 효과를 볼 수 없다.

둘째, 매장 객석의 구조상, 단체 모임 자리도 있고 2인용 식탁도 있고 여러 형태의 식탁이 섞여 있는 것이 보통이나 어떠한 경우에도 지배인이 일정한 곳에 위치하여 한눈에 매장 전체를 파악할 수 있도록 배치하여야 한다.

매장이 제아무리 넓어도 백두산 천지와 같은 지점이 있도록 하여야 유능한 지배인의 능력을 최대한 활용할 수 있다. 대부분의 경우 이 지점은 현금 출납원의 앞자리에 위치하게 된다. 따라서 지배인이 현금 출납원을 등지고 약 180° 정도 회전하면 매장 전체를 한눈에 볼 수 있게 해야 하는 것이다.

셋째, 고객에게 보다 빨리 서브하고 동시에 종업원들의 동선을 최소화하기 위하여 매장 곳곳에 중간 공급 기지를 설치해야 한다. 이것은 군대의 병참 보급이론과도 관계가 있다. 고객에게 수시로 제공하여야 하는 숟가락, 젓가락, 휴지, 이쑤시개, 각종 양념류, 빈 접시 등은 고객의 눈에 띄지 않는 공간에 일정량을 비축하여 두고 쓰도록 해야 한다. 이러한 공간은 주로 부스(Booth)형 테이블의 등 뒤쪽 공간을 잘 활용하면 아담한 실내 장식을 겸해 충분한 효과를 볼 수 있다.

보통 한 종업원이 셋 또는 네 개의 테이블을 담당한다고 보면 두 명 이상의 종업원이 같이 쓸 수 있도록 배려되어야 할 것이다. 이 공간을 프랩 에어리어(Prep. Area: Preparation area)라고 한다.

넷째, 주방과 매장의 효율적 차단이 가능하도록 배려되어야 한다. 86년 아시안 게임과 88년 올림픽을 계기로 식당의 선진화를 밀어붙이던 관계 당국에서는 공개된 주방만이 식당의 모든 고질적인 문제를 해결한다고 맹신에 가까울 정도로 믿었다. 그리하여 대로변의 대형 갈빗집에서부터 뒷골목 순두부집에 이르기까지 모두 주방을 공개하라고 강요하기에 이르렀다. 물론 공개된 주방에서 일하다 보면 밀폐된 공간에서 일하던 때와는 달리 위생, 청결에 조금은 더 신경을 쓰게 될 것이다. 그러나 그것으로 만사가 다 해결되는 것은 아니다.

작업의 성격상 소음이 많이 나는 경우, 즉 접시닦이나 도마질 같은 데서 나는 소음은 고객에게 전해 주고자 하는 위생 청결의 이미지를 도리어 손상시킨다. 이런 경우에는 주방 곳곳에 소음 차단벽을 설치하여 주방의 소음이 지나치게 매장으로 흘러 들지 않도록 해야 한다.

또한 어느 음식점이든 주방은 기름을 많이 사용하게 되며 따라서 바닥이 항상 미끄럽기 마련이다. 종업원들의 업무 분담 및 동선 관리가 제대로 되지 않으면 주방 직원이 매장으로 들락거리고 매장 직원이 주방에 수시로 출입하여 신발에 기름을 잔뜩 묻혀 매장 바닥이 온통 미끌미끌해지기 십상이다. 이는 위생 청결상으로도 문제가 될 뿐만 아니라 고객의 안전에도 절대로 위험하다. 따라서 주방과 매장의 경계선에는 신발의 기름을 충분히 닦을 수 있는 부드러운 카펫이나 특수고무덮개를 비치해 두어야 한다.

결론적으로 주방으로부터 차단되어야 할 것은 기름, 소음 및 연기이다. 위의 세 가지만 성공적으로 차단된다면 나머지 부분은 가급적 많이 공개될수록 좋다.

화장실로 평가하자

부끄러운 이야기이긴 하나 선진화로 가는 길목에서 꼭 한 번 짚고 넘어가야 할 문제가 있다. 바로 화장실 이야기이다.

1988년 서울 올림픽을 계기로 우리의 인식이 많이 국제화될 수 있었음은 아주 다행이지만 당시 공식 공급업자로 선정되어 이 경기장, 저 경기장 돌아다니며 일해 본 경험에 의하면 가장 큰 불만이 다름 아닌 화장실이었다. 각종 경기시설은 엄청나도록 화려하게 잘 지으면서도 그 안의 화장실 시설은 전혀 그에 걸맞지 않게 지으니 도대체 그 이유가 무엇인가? 우리 옛말에 처가와 화장실은 멀수록 좋다고 하였기 때문인가? 요즘같이 수세식인 경우는 전혀 해당 사항이 없지 않은가 말이다. 하여간 경기 중간중간 휴식 시간에 외국인들이 당황해하는 것을 보고 얼마나 민망했는지 모르겠다.

1993년에 열린 대전 EXPO에도 나의 회사는 공급업체로 선정되어 봉사할 기회가 있었다. 나의 관심은 오로지 화장실에 있었다. 그러나 무려 5년이란 세월이 지났음에도 불구하고 나아지기는커녕 오히려 후퇴하였으니 어처구니없는 노릇이었다.

해외출장 중에도 나는 항상 가는 곳마다 화장실 시설을 유심히 살펴본다. 오랜 경험을 통해 좋은 화장실이 갖추어야 할 점은 굳이 화장실이 평수가 넓어야 한다거나 시설물 자체가 호화로워야 한다든가 하는 것이 아니고, 첫째로 적절한 공간 배치로 우선 고객들이 마음을 편하게 가질 수 있어야 하고 둘째로 칸막이나 기타 부속 시설물에 사용되는 금구류가 튼튼해야 한다는 결론을 내리게 되었다. 우리나라의 특급 호텔에 들러 화장실을 이용해 보면 그들이 사용하는 금구류가 모두 외제임을 알 수 있다. 자동차까지 만들어 수출하는 나라에서 화장실의 휴지걸이, 문고리를 제대로 생산치 못해 수입해야 한다는 말인가?

실내 장식업을 하는 분에게 물어보니 건축주들이 한 푼이라도 건축 비용을 아끼려 하고 또 그들 대부분이 화장실 시설물 같은 건 대충대충 하라고들 하기 때문에 누구도 현재 쓰고 있는 것 같은 품질보다 훨씬 고가의 그러나 훨씬 튼튼한 것을 개발하려고 하질 않는다는 것이다. 그러다 보니 몇 개월만 쓰고 나면 변기의 플러싱 장치는 건들건들해지고 휴지걸이는 온통 비틀어져 있는 것이다.

이래 가지고서야 어떻게 선진화, 국제화한다고 떠들 수 있겠는가?

마지막으로 화장실 운영의 철저화가 이루어져야 하겠다. 여자 화장실의 경우 남자들보다 기다리는 시간이 3배가량 된다는 해외토픽을 읽은 바 있다. 그런데도 거의 대부분의 공공시설에서 여자 화장실의 크기가 남자의 그것보다 엄청나게 작은 것이 현실이다. 또한 여자 화장실의 경우 화장을 고칠 수 있는 간편한 시설을 곁들이면 큰돈 들이지 않고도 호감을 살 수도 있다.

직원들까지 순번제로 정하여 적어도 1시간에 한 번씩은 화장실의 청결상태, 수세식의 작동상태, 휴지 및 기타 기물의 비치 상태를 체크하는 등 그 운영의 철저를 기하는 것은 시설 투자나 자본 투자를 필요로 하지 않으면서도 우리의 국제화, 선진화에 크게 기여할 수 있을 것이다.

내부 수리 중

〈피자헛〉 영업을 시작한 지 한 달도 채 안 되어서의 일이다. 오전 11시 30분에 점포 문을 열기 위하여 첫 출근조는 아침 8시에 가게에 나온다. 바닥 청소며, 기계 기물 정리며 이런 저런 일에 2시간 정도를 보내고 나면 10시 30분쯤부터 중요 기기의 정상 작동 여부를 체크하게 되어 있다.

〈피자헛〉 영업의 가장 핵심 부분은 뭐니 뭐니 해도 오븐이다. 먼저 컨베이어 벨트를 작동시킨 후 가스 밸브를 열고 점화 장치를 가동시키면 '웅' 하는 진동음과 함께 점화가 된다.

그러나 그날은 점화 장치를 가동시켰음에도 점화가 되지 않는 것이었다. 이건 분명 비상사태다. 급히 전 간부가 소집되었다. 가스 밸브도 체크하고 외견상 드러난 부분에 대해서 철저히 체크해보고 다시 시도하였으나 또 실패하였다. 시간은 벌써 11시 30분으로 다가가고 있었다. 인천에 상륙한 미 해병들이 이태원에 쇼핑차 왔다가 문도 열기 전에 벌써 줄을 서서 기다리고 있는데 말이다. 그 오븐은 우리가 국내에선 처음으로 구입한 신형으로 국내의 작은 수입상이 대리점 계약을 체결하였으나 아직 애프터서비스를 전담할 기술자가 양성되어 있지 않은 상태였다.

급히 도착한 기술자가 급한 대로 기계를 뜯어 놓고 이리저리 점검해 보고 있었으나 내가 보기엔 전혀 가능성이 없어 보였다.

'문을 열어야 하나, 닫아야 하나' 이것이 문제였다. 그러나 그것도 잠시 '이유가 어찌 되었건 서비스할 준비가 되지 않았는데 어떻게 문을 열 수 있겠는가? 돈이 얼마가 손해나더라도 완벽한 준비가 될 때까지 문을 닫아야 한다.'는 결론에 즉시 도달했다.

급히 사무실로 뛰어가 백지에 '내부 수리 중'이라고 써서 정문 앞에 붙였다.(손글씨를 쓰면 안 되는데…)

직원들은 문 앞에서 고객들에게 사정을 설명하고 기술자는 분해된 기계 앞에서 꿈지럭거리고 있었다. 한쪽 구석 테이블에 앉아 이 생각 저 생각 하다가 다짐을 하였다.

'아무리 좋은 기계라도 A/S가 철저히 보장되지 않는 기계는 절대 써서는 안 된다.'

한석봉이라 할지라도

아닌 밤중에 한석봉 이야기가 나오니 그 어머니가 써시던 떡 이야기인가 할지 모르나 이 항목에서 이야기하고자 하는 것은 '손글씨'에 관한 것이다.

이 '손글씨'란 음식점뿐만 아니라 일반 소매점 같은 곳에서 제품 안내나 가격 표시 등 업주가 고객과 대화하는 긴요한 수단의 하나로 쓰이는 안내문을 손으로 습자하듯 써 붙이는 것을 말한다.

단일 점포의 음식점은 말할 것도 없고 제법 큰 규모의 체인점에서도 이 손글씨는 심심치 않게 눈에 띈다.

대체로 고객들은 음식점에 들어서면서 이 음식점을 경영하는 사람들은 당연히 전문가일 것이라는 기대를 가지게 된다. 이것은 음식뿐만 아니라 매장 경영이든 무엇이든 모든 것을 통틀어 자기보다 훨씬 전문적일 것이라는 기대감을 말하는 것이며 실제로 점주들이 그러한 모습을 보여 줄 때 그 음식점에 대한 충성심(?)은 더욱더 굳건해지는 법이다.

이러한 고객의 기대를 처음부터 무참히 짓밟아 버리는 것이 바로 '손글씨'이니, 어떠한 경우에도 매장에서 '손글씨'를 추방해야 한다.

규모가 작아도 인쇄를 할 수 없으면 작은 인쇄소 같은 곳에 가서 부탁해도 그렇게 비싸지 않은 비용으로도 POP(매장 내 안내문 일체)를 제작할 수 있다.

그것도 여의치 않으면 백화점 뒷 계단을 두리번거려 보라. 백화점에서 필요로 하는 수없이 많은 POP를 제작하는 디자인실에 찾아가 진정한 마음으로 부탁해 보아야 할 것이다. 한 장이라도 써 달라고…. 그렇게 써 붙인 POP은 손글씨 수백 장보다 훨씬 나은 효과가 있다.

요즈음은 PC에서 출력하여 얼마든지 예쁜 모습으로 매장에 걸어 둘 수 있지 않은가?

참으로 편리한 세상이다.

6. 일류가 되려면

저 나이에 아직도 배달을?

언젠가 몇몇 식품업체에서 공업용 우지를 식품 원료로 사용하였다 하여 온 사회가 떠들썩해진 적이 있다. 국민들은 그 회사의 제품이 사람이 먹을 수 있는 것인가 아닌가를 알려면 그 회사 사장이 그 제품을 먹는가를 보면 알 수 있다고들 이야기했다.

최고경영자가 온몸을 던져 만들고 팔 수 있는 제품이 아니면 그것은 국가적 자원의 낭비이며 사회에 대한 해악이다.

수년 전에 내가 경영하던 한국 〈피자헛〉에서는 겨울철 직원들의 근무 편의를 위해 점퍼를 제작하였다. 검은색 바탕에 가슴에 〈피자헛〉 마크를 새기고 배달직 사원용은 등판에 배달마크가 크게 인쇄된 것이다. 나는 집 밖을 나서면 언제 어디서나 이 점퍼를 입고 다녔다. 그러던 어느 날 평소 자주 들르던 일식집 주인이 전하는 말인즉 그 식당 종업원 사이에 검은 점퍼 아저씨가 참 불쌍하다는 말이 오갔다 한다. "벌써 머리가 허연데 아직도 배달을 하고 있다니…." 하고 말이다.

80년대 초반 내가 무역업에 종사하고 있을 당시 미국의 테네시주에 있는 한 회사로부터 터무니없는(?) 주문이 날아 왔다. 야구용 모자에 FENDER'S INC. 라는 회사의 마크를 인쇄해 달라는 내용이 었으나 수량이 20피스였다. 그 당시 야구용 모자의 최소 주문량은 500다스였으니 그 주문은 견본이나 마찬가지였다. 견본이라 생각하고 선적을 해준 뒤 수개월 후 미국 출장길에 그 회사를 찾아가 보고 깊은 감명을 받았다. 사장 이하 전 직원이 그 모자를 쓰고 근무하고 있는 것이 아닌가? 전 직원이라야 10명 정도의 조그만 자동차 부품 및 정비 공장이었지만 모두들 그 모자를 그렇게 자랑스럽게 쓰고 있는 것이었다. 틀림없이 이 회사는 클 것이라고 생각되었고 예측은 정확히 맞아 30여 년이 지난 지금은 수천만 불의 외형을 올리는 업체로 성장하였다. 지금은 중국으로부터 모자를 수입한다고 들었다.

조그만 분식집이든, 수백 평 규모의 대형 음식점이든 최고경영자로부터 말단 직원에 이르기까지 자신들의 서비스에 자부심을 가지지 못하는 식당에서 제공되는 음식은 사료에 불과하다고 하면 지나친 독단일까?

식당을 경영하는 사람이라면 바쁜 일손을 잠시 멈추고 식당 밖으로 나가 식당 간판을 한 번 올려다보자. 그리고 가슴에 손을 얹고 이런 맹세를 해보자.

'나는 이 식당을 이용해 주는 고객에게 최고의 서비스를 제공할 것이다. 나와 우리 전 종업원은 우리의 최상의 서비스에 자부심을 가지고 우리의 일터를 더욱더 알차게 키워 나갈 것이다.'

'나는 나의 상호가 무한히 자랑스럽다.'

'내가 소중히 하는 그 어떤 것에도 나의 상호를 자랑스럽게 붙일

수 있다.'

넥타이를 매기 싫어하는 나에게 점퍼에 티셔츠만 입어도 되는 이 식당업은 천생연분이다.

무엇에서든 일류가 되자

음식점 사업을 시작한 지 얼마 되지 않아서였다. 고교 및 대학 동창들 사이에 이런 말이 돌았다.

'성신제, 그 친구 음식점 차리고는 앞치마 두르고 주방에서 접시 닦고, 피자도 직접 만들고 한다는데 정말 그렇게 하는 건지, 쇼로 그러는 건지 한 번 보러 가자.'

실제로 주방 한쪽 구석에서 열심히 컵을 닦고 있는데 시선이 느껴져 쳐다보면 학교 동창생이나 사업상 거래 관계에 있는 분들인 경우가 많았다.

그런데 재미있는 것은 눈이 마주치면 거의 대부분의 사람들이 측은한 표정을 지으며 '참 안되었다.'는 식의 말들을 걸어오는 것이었다.

그러나 나는 지금 이 순간도 그때의 근무 자세에 대해 왜 좀 더 철저히 하지 못했을까 하는 후회는 할지언정 그때의 내 모습이 부끄러웠다는 생각은 추호도 하지 않고 있다.

나는 경기고등학교와 서울대학교 정치학과를 거쳐 3년간 해군장교로서 해군사관학교에서 생도를 가르치는 교관 생활을 한 바 있다. 그 어느 누구보다도 공부를 열심히 했고 또 어느 정도는 잘했고(?) 바르게 열심히 순간순간 최선을 다하며 살아가는 것을 일생의 지표로 삼고 살아 왔던 것이다.

남들이 보기에 그런 학력을 가진 사람이 어떻게 음식점 주방에서 접시를 닦고 있을 수 있을까 하고 의아해하겠지만 나는 전혀 그렇게 생각하지 않는다. 내가 이 사업을 시작한 이상 몸과 마음을 다 바쳐 혼신의 힘으로 승부를 겨루는 것이 남자다운 기백이고 일류를 지향하는 사람들이 취해야 할 바라고 생각한다.

나는 '앉으나 서나 피자 생각'이었다. 그렇게 하기를 몇 년 하고 나니 매장을 순시할 때 뒤돌아서서 주방에서 피자를 자르는 소리만 듣고서도 그 피자를 만들 때 들어간 밀가루 반죽이 발효가 너무 많이 된 것인지 아니면 덜 발효가 된 것인지를 구분할 수 있게 되었다.

또한 계산대에 서서 홀 쪽을 대충 한 번만 훑어보아도 어느 테이블에서 주문한 음식이 아직 나오지 않고 있고 어느 테이블의 밑받침이 잘못되어 흔들거리고 있고, 어느 직원의 서비스가 불친절하고 어느 점장의 매장 장악력이 좋은가 한눈에 파악되었다.

어마어마하게 큰 대기업 그룹의 총수가 된 동창생들도 여럿 있지만 나는 내가 하는 일에 무한한 자부심을 가졌다.

'남들은 첨단 기술 산업이다, 금융 산업이다 하여 잘들 나가고 있는데 나는 고작 피자나 자르고 있나….'

이런 생각은 해본 적이 없었다. 그들이 가진 그룹에 대한 장악력보다 몇 수십 배의 강한 장악력을 나는 가지고 있다고 자부하였다.

이제 우리도 그 고루한 직업의식에서 벗어나자. 어떤 분야든 최선을 다하여 일류가 되면 그것으로 분명히 보상받고 존경받는 사회가 되게 하자.

그래서 다 같이 일류가 되자.

그래도 틈은 있다

요즈음 우리 산업사회는 시간이 가면 갈수록 대기업 그룹에 의한 집중화 현상이 심해져 가는 것 같다. 이는 굳이 이런저런 수치를 따질 필요도 없이 TV 화면에 비치는 광고만 보아도 쉽게 알 수 있다.

중소기업은 TV 광고를 하고 싶어도 하기가 쉽지 않다. 각 TV사의 황금 시간대엔 제아무리 돈을 많이 준다 하더라도 얼굴을 들이밀 수가 없다. 정 하고 싶으면 한가한 시간대의 광고 시간을 덤으로 안고 엄청난 희생을 감수해 가며 하는 수밖에 없다. 머리 좋은 그들은 이를 강매라고 하지 않고 '패키지 딜(Package deal: 한국말로는 '끼워 팔기' 정도라 해야 할까?)'이라고 부른다.

이렇게 돈 많은 대기업이 거의 모든 소비자의 귀와 눈을 독점하고 있으니 중소기업이 소비자에게 가깝게 갈 방법은 없어 보인다.

그러나 그것이 대형 중화학 공업이나, 자동차 산업이 아닌 바로 외식 산업인 경우에는 꼭 그렇지도 않다.

외식 산업이란 독점이 존재하지 않는 독특한 특성을 가지고 있다. 또한 크나큰 자본이 필요하지 않기 때문에 신선한 아이디어만 개발할 수 있다면 누구나 적은 자본으로 참여할 수 있다는 장점이 있다.

대기업의 범위를 벗어나 다국적 기업으로 치닫고 있는 빅 브랜드들이 판치고 있는 미국의 외식 산업도 자세히 들여다보면 그 틈새를 발견하게 되는 것이다.

지금도 미국의 유명 레스토랑 전문 잡지인 『Nation's restaurant news』를 보면 그 틈새를 비집고 일어서는 신데렐라 같은 이야기로 가득 차 있다.

전혀 틈이 있을 것 같지 않은 거대한 공룡들의 싸움터에서 이들 젊은이들이 싸워 이긴 이야기를 볼 때마다 '아하! 거기가 아킬레스건이었구나!' 하고 느끼며 왜 나는 그들보다 더 일찍 그것을 발견하지 못했을까 하고 자신을 나무라기도 한다.

중국 음식을 패스트푸드화해 성공한 이야기라든지, 복잡하고 오묘한 이태리 음식 중 파스타 요리만을 끌어내 주방 시설을 단순화시켜 성공한 이야기 등 그 예를 들자면 끝이 없을 지경이다.

지난 수십 년간 외식업체를 경영해 오면서 나는 국내는 물론 해외에서도 수많은 식당 경영자와 만나는 기회를 가져 왔다. 그때마다 나는 깊은 관심을 가지고 그들의 태도를 유심히 관찰해 오면서 우리와는 다른 무엇을 발견했다.

우리나라의 식당 경영자들은 대부분 그들이 식당 경영에 종사하고 있다는, 또는 그들이 식당의 주인이라는 사실에 별로 자부심을 가지고 있지 못하는 것 같다. 재벌 기업에 소속된 몇몇 외식업체의 경우도 예외는 아니어서 재벌 기업의 사장임을 더 내세웠지, 그들이 경영하고 있는 외식업체를 먼저 내세우지 않는 것으로 보아 그들이 제공하는 서비스에 별로 자부심을 가지고 있지 않는 것 같아 보인다. 다른 업체를 가지고 있는 경우 건네주는 명함에는 식당이 아닌 업체의 직함만 적혀 있고 식당에 관한 언급은 일체 없다. 식당만 가지고 있는 경우는 거의 대부분 명함을 가지고 있질 않았다.

식당을 하는 것이 그렇게 창피스러운 일인가? 어쩔 수 없어 호구지책으로 식당을 하는 것일까?

저녁 시간 퇴근 후 간단하게 술 한잔하고 싶을 때 내가 자주 들르는 포장마차가 있다. 온 가족이 달라붙어 열심히 일하는 모습이 아름다워 보여 조금 떨어져 있어도 굳이 그 집을 고집했었다. 그러나 어느 때부터인지 조금씩 변화가 생겼다. 우선 매장의 규모가 작아지기 시작했다. 따라서 서비스도 조금씩 부실해졌다. 붐비는 날보다 텅 비는 날이 많아졌다. 하루는 주인아줌마에게 물어 보았다.

"배들이 불러서 그렇지."

아줌마의 이야기인즉 조금 수입이 못하더라도 신사복에 넥타이를 매고 근무하는 것을 더 좋아한다는 것이다.

아예 수입이 형편없어도, 실적이 더 좋아질 가능성이 별로 없어도 신사복에 넥타이 매고 근무할 수 있다면 당치도 않은 무슨 방문판매 세일즈맨이라도 좋다고 한다. 식구들이 힘을 합쳐 하는 그 일을 마다하고 세일즈하러 다니면 그 젊은이가 세일즈맨으로 대성할 수 있을까? 악담을 하는 것은 아니나 나의 솔직한 심정은 부정적이다.

미국의 서비스 산업에 관해 쓴 『Service edge』라는 책에 의하면 서비스업에 종사하는 사람들이 흔히들 '나는 서비스업에 종사할 사람이 아니야. 변호사가 되기까지 학비를 벌기 위해 하는 일일 뿐이야.', '디자이너가 될 때까지 학원비를 벌기 위해 하는 일이지 내가 평생 할 일은 아니야.'라고 생각하는데 이들이 서비스업을 떠나 그들이 바라던 직장에서 성공할 가능성은 거의 없다고 한다. 반면 식당에서 그릇을 닦는 일에 종사하면서도 프로정신을 가지고 열심히 일하는 사람일수록 그 후 식당의 경영자로 성공하거나 아니면 다른 직종에 진출해서도 성공한 예가 훨씬 많다는 것이다.

요즈음 같은 경쟁사회에서 철저한 프로정신이 없이 어떻게 성공하길 바랄 수 있겠는가? 내가 해외 출장길에 자주 들르는 이태리 식당이 있다. 미국 테네시주에 있는 〈마리오(Mario's) 레스토랑〉이다. 마리오는 그 식당의 주인이며 그는 꼭 무슨 오페라의 가수 같아 보이는 풍채를 지니고 있는 이태리 이민 2세이다. 그 식당은 점심이면 12시부터 3시까지 문을 열고 저녁 영업 준비를 위해 6시까지는 문을 닫았다가 저녁 늦게까지 영업을 한다. 영업시간 중에는 어김없이 마리오가 나와 고객을 맞이한다. 짙은 색 정장에 흰 셔츠, 그리고 단정한 넥타이, 고객을 자리에 안내하고 음식을 권하고 주방을 들락거리며 음식 조리 상태를 체크하고 식사 중간중간 이 테이블, 저 테이블을 돌며 고객들과 가족 이야기며, 취미 활동 이야기며 거침없이 나눈다. 고객들은 마치 자기 집 식탁에서 식사하는 듯한 가족적 분위기를 한껏 만끽하며 식사하는 것이다.

왜 우리나라에는 이런 식당이 없는 것일까? 왜 우리나라엔 마리오 같은 사람들이 없을까?

왜 우리나라 사람들은 다른 나라 사람 못지않게 좋은 분위기의 식당에서 좋은 음식을 먹고 즐기기를 좋아하면서도 그런 직종에 근무하는 것을 싫어하는 것일까? 싫어하는 것이 아니라 떳떳치 못하게 생각하는 것일까?

이에 대한 나의 결론은, 지탄받아야 할 사람은 위에서 말한 식당 종업원들이 아니라 바로 식당의 경영주 또는 주인들 자신이라는 것이다.

일본에 가 보면 어떤 우동집이나 초밥집의 역사가 100년이 넘었다느니 벌써 4대째 영업을 하고 있다느니 하는 뉴스가 심심치 않게 나오곤 한다.

왜 우리에겐 이런 전통이 없을까?

성공한 음식점 주인의 경우 그 과정이 너무나 고통스럽다는 점 때문에 후손에게 물려주길 꺼리는 것일까? 아니면 자기가 돈을 벌기는 했지만 그 과정이 그렇게 떳떳하지는 못했기 때문에 자식에게 대물림하길 꺼리는 것일까?

대물림이 반드시 좋은 것은 아니라 하더라도 사람의 입으로 들어가는 음식을 다루는 음식점이 대물림을 할 수 있을 정도로 모든 면에서 떳떳할 수 있기를 바라는 소비자들의 바람은 정당한 것이다.

이런 고객들의 바람을 현실화시키기 위해 우리 경영자나 식당의 주인들은 주방이며, 물자 구입, 조리 과정 및 경리 회계 그 모든 것을 어디에 내놓아도 부끄럽지 않게 투명하게 하여야 하겠다.

"자, 업주 여러분, 마리오처럼 현장으로 나갑시다. 고객을 맞이하여 안내하고 여러분이 자랑할 수 있는 정성이 담긴 음식을 제공하고 고객들과 즐겁게 대화를 나눕시다. 고객들이 집에서 식사하는 분위기를 한껏 맛볼 수 있게 한다면 당신 사업의 성공은 꼭 보장될 것입니다."

7. 잘 버려야 맛있다

맛있는 거 사주세요

얼마 전 MBC에서 방영하였던 아침 일일 연속극의 한 장면이다.

젊은 나이에 불치의 암에 걸린 딸과 아버지가 공원의 벤치에 앉아 있다. 결혼 후 아직 아이가 없는 딸은 공원에서 뛰노는 아이들을 바라보고 아버지는 눈물에 젖은 안경을 닦고 있다.

"아빠, 울지 마세요. 나, 맛있는 거 사주세요."

"그래. 맛있는 거 사줄 테니 어서 가자."

그런 절박한 상황에서도 '맛있는 것'을 찾는 걸 보면 맛있는 음식에 대한 본능이야말로 종족 보존의 본능보다 우리에게 더 절실한 본능인가 싶어 웃었다.

외국의 식당 관리업체에서 쓰는 관리지침서를 보면 식당 경영의 요체를 Q. S. C로 표현한다.

즉 품질(Quality=맛), 서비스(Service), 청결(Cleanliness)을 말한다.

이 세 가지의 대분류에 따른 각각의 소분류가 수십 항목에 이르는 식당 경영상태 평가표를 가지고 중간 관리자들은 식당을 평가하게 된다.

그러나 내 경험에 의하면 여기에 바로 우리가 서양식 경영 기법과 헤어져 우리의 고유함을 살려야 할 부분이 있다고 생각한다.

우리 식사 문화에 있어 맛이 차지하는 비중은 거의 절대에 가깝고 서비스나 청결은 그 맛의 보조 수단에 불과하다는 점이 우리의 특색이다.

내가 직장 생활을 하던 경험에 비추어 보아도 맛에 관한 우리의 집착은 유별난 데가 있다.

점심시간, 직장 동료들과 북창동 뒷골목의 식당가에 들른다. 초행 길에 대충 잘하는 식당처럼 보이는 집에 들어가니 앉을 자리조차 없다. 하는 수 없이 돌아 나온다. 바로 옆집에 들어가 본다. 그런데 그 집에는 너무도 빈 테이블이 많다. 당장 앉을 수 있음은 물론 주방이 붐비지 않으니 식사도 빨리 나올 것이다. 그런데도 다시 돌아 나온다. 지금 이 시간에 붐비지 않는 걸 보면 맛이 없다는 이야기일 테니까. 다시 처음 들어갔다 나온 그 집을 찾아가서 10분도 좋고 20분도 좋고 기다려서 먹고 나온다. 많은 직장인들이 경험한 이야기일 것이다. 백파 홍성유 씨의 '별미 기행'이 그토록 오랜 세월 계속 연재되며 아직도 세인의 지대한 관심 속에 읽히는 것도 바로 우리의 '맛에 대한 집착' 때문일 것이다.

우리가 외식을 하기로 할 때 어떤 식당을 어떤 동기에서 선택하는가를 곰곰이 생각해 보자.

맛은 없지만 너무도 정중한 서비스가 마음에 들어 식당을 선택한 적이 있었던가?

맛은 없지만 청결한 매장이 마음에 들어 그 식당에 간 적이 있었던가?

결국 음식점 선택에 있어 최우선의 명제는 '맛이 있어야 한다.'는 것이다. 친절한 서비스나 매장의 청결도는 그 맛을 더욱더 맛있게 즐길 수 있도록 하는 보조 수단이요, 더 많은 매출을 올릴 수 있는 영업 수단의 하나일 뿐이다.

따라서 식당 경영평가표는 맛, 서비스 그리고 청결도의 산술적 합산 방식이 되어서는 안 된다. 맛을 먼저 평가하고 그 테스트를 통과하지 못하면 서비스나 청결도로 이어갈 필요가 없는 것이다.

수천 개의 점포를 가진 외국의 유명 음식점 체인에서도 서비스나 청결도의 유지, 개선에 관하여는 나름대로 체계적이고도 합리적인 평가 제도를 가지고 있으나 맛에 관하여만은 '먹어 보는' 수밖에 딴 도리가 없다. 24시간 전부터 곰국을 충분히 고아 놨어도 손님 식탁에 올리기 전 다만 한 숟가락이라도 직접 맛을 보아야만 잘 끓여졌는지를 알 수 있다. 제아무리 규정대로 반죽하고 발효시켜 오븐을 통과해 구워낸 피자라도 경영주나 관리 책임자가 맛을 보지 않고 판매를 시작할 수는 없다. 식당 하는 사람들의 가장 즐거우면서도 곤욕스러운 부분이 바로 이것이다. 하루 종일 줄기차게 먹어야 하기 때문이다.

10여 년 전 한국 시장을 처음 방문하여 시장 조사를 하던 펩시계열의 X씨나 현재 그 일을 하고 있는 Y씨 모두 상당한 대식가이다. 경쟁업체라면 모조리 방문하여 음식을 시켜서 먹어 보는 것이다. 옆에서 보면 질릴 정도로 먹어댄다. 그러니 배가 그렇게 나올 수밖에.

식당의 관리자나 경영주가 비만한 체격이면 우리는 일단 후한 점수를 주어야 한다. 영업을 위해, 아니 고객을 위해 처절한 자기희생을 했으니까 말이다.(그렇지 않은 사람은 열심히 먹고 더 열심히 운동을 했다고 변명할 수밖에 없다.)

내가 경영했던 〈케니 로저스 로스터스〉는 11시 30분에 문을 연다. 닭을 굽고 샐러드를 무치고, 빵을 구워내는 등 분주히 돌아가던 오픈 준비는 11시 25분에 끝난다. 5분 동안의 직원 미팅을 끝내고 쟁반을 들고 이른 점심을 시작하는 것은 나의 몫이자 기쁨이자 의무이기도 하다. 이 음식 저 음식 골고루 돌아가며 맛을 보는 것으로 시작하는 하루. 복잡한 서류 속에 파묻혀 하루를 시작하는 것보다는 얼마나 축복받은 삶인가.

그래서 오늘도 다짐해 본다.

"열심히 맛있게 먹고, 땀 흘리며 일하자."

"부디 오래오래 맛있는 것 먹게 해주십시오."

그러나 1997년 IMF사태로 '오래오래' 먹지는 못했다.

잘 버려야 맛있다

버려야 할 것이 못 먹는 또는 못 쓰는 쓰레기라면 잘 버리고 못 버리고 할 것도 없이 미련 없이 버릴 수 있겠지만 그것이 멀쩡히 사용할 수 있는 식재료라면 문제는 달라진다.

내가 경영하던 〈피자헛〉에서는 피자의 밑판이 되는 밀가루를 하루에 5번 내지 6번 정도 반죽하여 발효시켜 사용하고 있다. 밀가루는 발효가 덜 되면 뭉쳐 버리는데, 나중에 오븐에 넣어 열을 가해도 충분히 부풀어오르지 않을 뿐더러 뭉쳐 있는 관계로 밑바닥은 열을 받아 검게 타지만 그 가운데는 열이 침투하지 않아 생밀가루 냄새가 역하게 난다. 또 발효가 지나치면 뻥튀기처럼 부풀어 올라 푸석푸석해져 맛이 없다. 따라서 품질 관리의 제1장은 이 밀가루의 반죽과 발효에서 시작된다. 적당한 발효상태를 유지하는 것과 마찬가지로 덜 발효되거나 너무 많이 발효된 밀가루는 과감히 폐기 처분하는 것이 중간 관리자가 관심을 가져야 할 분야인 것이다.

그런데 제아무리 잘 발효된 밀가루도 일정 시간이 지나면 주저앉기 시작하는 데 문제가 있다. 얼핏 보면 그냥 써도 별 문제가 없을 것 같다는 유혹이 생기기 마련이다. 수천 년 동안 쌀을 주식으로 살아온 우리는 어떤 밥이든 한 입만 먹어 보면 진밥, 고두밥, 또는 한 번 찐 밥 등을 거의 본능적으로 구분할 수 있다. 마찬가지로, 빵을 주식으로 살아온 서양인들은 빵을 한 입만 베어 물어도 그 빵맛을 구분할 수 있다. 제아무리 쌀밥 맛을 모르는 외국인에게도 역시 잘된 밥은 맛이 있는 것처럼 피자 밑판으로 쓰이는 밀가루 반죽도 잘된 것은 역시 맛이 있고 생밀가루 냄새는 누구에게나 역하다. 때문에 가라앉은 것도 대충 쓰고자 하는 유혹을 과감히 뿌리칠 수 있어야 하는데 이것이 내가 가맹점 형식의 점포를 늘리지 않은 이유 중의 하나이다. 투자하고 경영하는 주인이 투철한 기업가적 정신이 없다면 그런 밀가루 반죽을 버리지 못하고 그냥 쓰게 된다. 그 순간부터 그 점포에서는 품질 관리라는 개념이 사라진다. 직원들을 철저히 교육시키는 한편 내가 실제로 발효상태를 체크하고 불량이란 판정을 받은 것을 쓰레기통에 버리는 시범도 보였다. 매장에 들어서면 곧바로 주방으로 먼저 들어가서 제일 먼저 밀가루 반죽 및 발효 상황부터 체크하는 것이 나에겐 몸에 배어 있었다. 이렇게 하는 것은 이것이 너무나 중요하여 사장이 신경을 가장 많이 쓰는 분야임을 종업원에게 알리고, 교육하는 방편이기도 하였다.

깡통 김치의 맛

요즈음 신세대 주부들 중에는 김치 담그기를 싫어하는 것은 물론 심지어는 아예 김치 없는 식생활을 즐기고 있는 부부도 있다고 한다. 그러나 우리 세대에게 김치란 마치 공기와도 같아 우리의 삶과 떼려야 뗄 수 없는 긴밀한 음식이다. 김치에서 흙의 기운을 받아들이고 어머니의 체온을 느낀다고 하면 조금은 과장일까?

하지만 점차 우리의 사회가 산업화되고 세분화되어 하루 24시간을 더 바빠 살아가야만 하게 됨에 따라 식생활에서도 김치의 의미가 조금씩 바뀌는 것은 어쩔 수 없는 현실이다. 즉 공장에서 조리된 김치에 조금씩 의존하게 되는 것이다. 바로 '깡통 김치'다. 그러나 비록 깡통에 담겨 있다 해도 그것을 대할 때마다 어머니의 체온을 느낄 수 있도록 하면서 대량으로 생산할 수 있는 음식이 있다면 크게 성공할 것이라고 생각하였다.

이것은 체인점으로 운영되는 햄버거나 치킨이나 피자의 경우도 마찬가지다. 해외여행을 하면 항시 느끼는 것이지만 이태리인들이 경영하는 이태리 식당에 가면 피자와 스파게티의 맛은 가히 일품이며, 그 흔한 햄버거도 주방장이 직접 조리하는 식당에서 맛보면 미국인들이 천지사방을 가더라도 햄버거만을 찾는 이유를 이해할 수 있다.

그러나 같은 음식도 〈맥도날드〉, 〈버거킹〉, 〈웬디스〉, 〈하디스〉 등 햄버거 체인 레스토랑이나 〈켄터키 후라이드 치킨〉이나 〈피자헛〉 같은 레스토랑에서 먹으면 그 맛이 나지 않는 것이다. 왜일까?

그것은 바로 '깡통 김치'이기 때문이다.

이와 같은 체인 레스토랑의 최대 강점은 모든 제품을 규격화 표준화하여 원료를 대량 구매함으로써 원가를 절감하는 대량생산체제를 구축할 수 있다는 점이다. 그러나 이것은 바로 동전의 양면과 같아 동시에 약점이 되기도 한다. 즉 사람의 입으로 들어가는 음식에 '정'이 없다는 것이다. 아직까지 아무도 그 해결책을 찾지 못하였으나 그 해결책을 찾아내는 기업이 업계의 선두로 올라설 것은 너무나 자명하다.

수십, 수백, 아니 수천 개의 매장에서 똑같은 실내 장식을 보며 똑같은 유니폼을 입은 직원의 서비스를 받으며 똑같은 음식을 빠른 시간에 즐기며 어머니의 체온을 동시에 느낄 수 있다면 지금이라도 당장 모든 재산을 정리하여 그 업종에 뛰어들겠다.

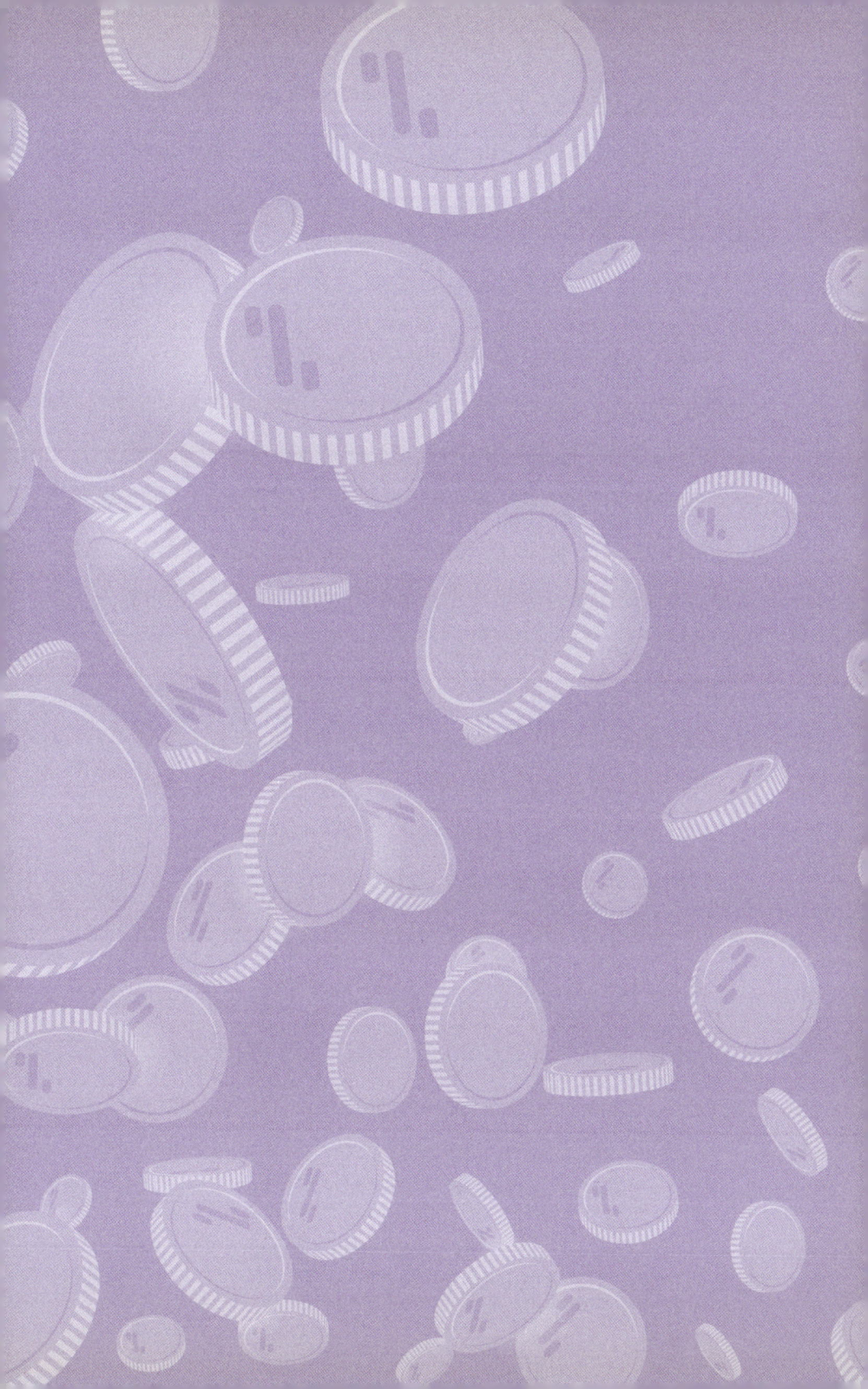

후기

얼마 전 〈SBS 스페셜〉 촬영이 개포동에 있는 나의 작은 공방에서 있었다.

별도의 설정이나 대본 없이 나의 일상을 화면에 담기 위해 아침부터 저녁까지 TV카메라가 돌아가고 있었다.

막 구워져 나온 케이크를 꺼내 검사하던 중 나는 소스라치게 놀랐다. 정해진 시간을 주고 구워낸 빵이 돌덩이처럼 굳어져 있는 것이 아닌가?

촬영의 긴장감 때문에 반죽에 사용된 물의 온도를 정확히 맞추지 못한 것이었다.

나는 거의 본능적으로 모두 48개의 케이크를 쓰레기통에 버렸다.

SBS PD는 너무 놀란 나머지 "어, 어…." 할 뿐이었다.

그 후 방송된 장면을 보고 손주 녀석이 물었다.

"할아버지, 그 빵 버린 거 실화야?"

"당연하지. 조금이라도 잘못된 게 있으면 버려야지."

"어휴, 아까운데…."

Facebook 기록들

2012.12.11. 믿거나 말거나…

　지난 1년 반 동안 네 번에 걸친 암 수술, 항암치료 그리고 방사선 치료를 받았던 내가 오늘 새벽 6시부터 7시까지 한 시간 동안 올림픽 공원의 눈밭을 달렸다. 그리 빠른 속도는 아니지만 내가 뛴다는 사실이 믿어지지 않았다.

　흰 머리 날리면서, (나훈아의 '고향역' 같다) 그리고 약간의 눈물도 흘리면서….

　내일 아침도 뛸 수 있게 해 달라고 간절히 기도하면서….

2013.6.11. 아! 끝내는 그렇게…

　재작년 12월 서울대학교 병원에서 보조 보행기에 매달리다시피 하며 필사적으로 걸어 가다가 지금은 고인이 되신 이종환 DJ님을 뵈었습니다. 나 못지않게 병색이 깊으시더니 며칠 전 소천하셨다는 소식을 방송을 통해 들었습니다. 나 역시 일어서서 걸을 수 있게 해 달라고 우리 주님께 간절히 기도하면서 몇 마디의 중보 기도에 좀 더 마음을 실어서 하지 못했음을 부끄러워합니다.

　부디 하늘나라에서 편히 쉬시기를 기도합니다.

2013.6.28.

얼마 전 예배 후 지인이 하는 커피숍에 들렀지요.

지인: 교회 다녀오세요?

집사람: 네.

지인: 그럼 같이 다니세요?

저: 아니요. 집사람은 다니는 거고 저는 끌려다니는 겁니다.

또 썰렁하다고 무지 야단맞았답니다.

2013.8.18.

다들 휴가를 가셨나? 아님 너무 더워서인가요?

올림픽 공원에 사람이 없어요… 덕분에 혼자서 신나게….

2014.12.22.

난 내가 산타인지 모르고 살아왔어요.

2015.1.12.

한 가지 서글픈 사연…. 젊은 사람들과 이야기 나누어 보니까 제가 나이가 너무 많아서 손님들이 거북해할 거라고 저는 주방에 들어가 있고 홀에는 나오지 않는 게 좋겠다는군요…. 쩝, 요즘 표현으로는 '까인 거'라는군요.

2015.3 14

주초 며칠간의 부진을 떨고 목요일, 금요일 연속 준비한 물량을 완판하고 지하철을 타고 집에 돌아오니 자정이 넘어 다리도 몹시 쑤시고 아팠지만 자리에 누우니 '촌부의 잠자리가 더 이상이면 무엇하겠는가.' 하는 건방진 생각을 하기도 전에 잠이 들었지요.

Facebook 기록들

2015.4.26.

노원점…. 정말 힘들더라구요. 나이도 있고 쉴 공간도 없고. 하하 내일모레 나이가 70인데 그래도 이렇게라도 소리칠 수 있고 고객에게 다가갈 수 있다는 거, 그리고 몸은 괴롭지만 웃을 수 있다는 것에 감사드립니다. 돌아오는 길에 지하철에서 자꾸 졸다가 내릴 역을 놓칠까 봐 조심한답니다.

창업자금 칠만 이천 원

2016.2.15.

가슴을 열고 하는 암 절제 수술을 받고 지난 1월 31일 퇴원하였지요. 도대체 몇 번째인지 셀 수도 없답니다. 그리고는 2월 1일 출근했지요. 아주 조심조심 걸었지요. 직원들이 눈치 못 채게.

이제는 대중목욕탕에도 자랑스럽게 다닐 겁니다. 신기할 정도로 잘 받아들이고 있는 제 자신이 자랑스럽답니다.

이렇게 저렇게 사방팔방으로 난 칼자국이 무슨 훈장 같아 보입니다. 더 열심히 더 치열하게 살아갈 겁니다.

2017.9.15.

나는 4개월만 살아간다. 어찌 보면 부질없는 욕심일 수 있겠지만 사람은 누구나 장수하고 돈도 많이 벌 수 있기를 바란다. 그러나 우리 바람대로 할 수 없으니 서글프다. 검진을 하는 의사가 수치를 들여다보고 "깨끗합니다. 4개월 후에 오시죠."

그렇다! 난 오늘 4개월의 생을 보장받았다. 병원 밖 하늘은 오늘따라 구름 한 점 없이 맑고 상큼한 공기는 나의 4개월을 축복해 주고 있다. 아깝다!! 한순간 한순간이.

이태리 아피아(Apia) 가도의 이름 없는 묘비에는 "한 시간 한 시간을 열심히 살아라."고 했지만 난 한 시간 한 시간을 4개월 동안 살아가야겠다.

2017.9.16.

성신제의 시간은 거꾸로 간다. 벤자민 버튼처럼.

Facebook 기록들

나는 올 일 년을 70년생으로 살아간다. 내년이면 71년생으로 살아갈 것이다. 그렇게 거꾸로 가다가 고장 나면?

시계 수리점(종합병원)에 가서 짜르고 꿰매면 된다. 다행히 지금까지 부품을 통째로 바꿔야 할 정도의 고장은 없었다.

엄청난 축복이다!!!

2017.9.26.

장 도미니크 보비(Jean-Dominique Bauby)는 말했다고 합니다.

"입 안에 고여서 흘러내리는 침을 삼킬 수만 있어도 당신은 행복한 사람입니다." 아침에 치과에 갔다가 얼마나 고통스러운지 체험 중입니다. 벌써 두 시간째.

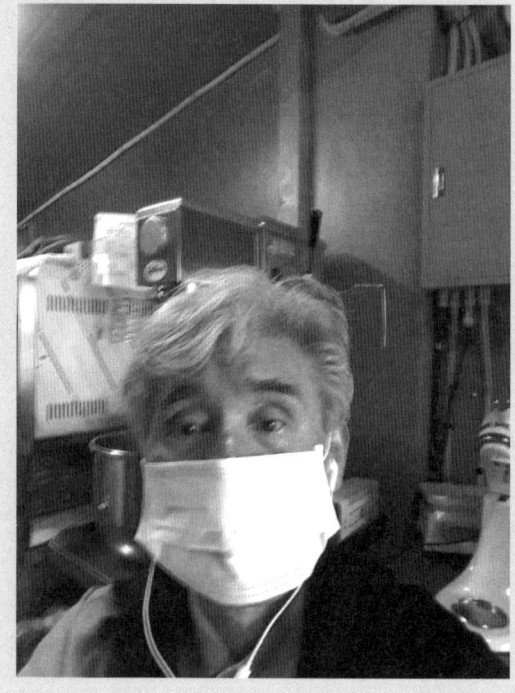

창업자금 칠만 이천 원

우리 모두 Ph.D를 가집시다!

멕시코의 이민자 가정에서 중졸의 학력으로 자라난 리처드 몬타네즈(Richard Montanez)의 이야기를 읽다 놀라운 사실을 알게 되었다.

그는 Frito Lay사의 북미 수석부사장에 올라 많은 기업과 대학에 강연을 가게 되었다. 어느 날 한 기자가 물었다고 한다.

"당신은 중졸 학력인데 어떻게 대학에서, 그리고 굴지의 대기업에서 강연을 할 수 있습니까?"

"네 저는 Ph.D를 가지고 있습니다.

P는 Poor(가난), h는 hungry(배고픔 즉, 열망) 그리고 D는 Determined(결심) 즉 모든 것을 포기하고 내 일에 쏟아부은 나의 모든 것이지요.

우리는 자라 온 환경에 대한 불평불만을 자신의 처지에 대한 변명으로 위안하고 한탄만 한다.

그의 인터뷰에서 자신의 불우한 환경에 대한 불평불만보다는 그로 인해 자신의 일에 몰두할 수 있는 원동력을 얻은 것에 감사하고 있는 것을 볼 수 있다. 그가 인터넷 기업의 스타들을 보고 자신의 처지를 비관했었다는 이야기를 들은 바 없다.

우리는 젊은 나이에 성공을 이룬 스타 기업인들에 관한 수없이 많은 이야기를 읽고 그들을 닮고 싶어 한다. 그러나 그들의 Poor, hungry 그리고 Determined에 관한 치열함을 외면하고 그들이 이루어낸 화려한 성공의 그림자만 쫓고 있는 것은 아닐까?

나는 왜 컴퓨터에 대한 선견지명이 없을까? 나는 왜 스티브 잡스나 빌

게이츠와 같은 번뜩이는 재능이 없을까? 나는 왜 손정의나 마윈처럼 시대의 흐름을 꿰뚫는 혜안이 없을까?

자신의 오늘을 있게 한 자신의 과거에 대한 냉철한 반성의 바탕 위에 현실을 직시하고 한 걸음 한 걸음 내딛어야 한다.

인생은 마라톤이다. 나처럼 나이 들어 뒤돌아보면 인생은 너무 빨리 지나가 그것이 마치 100미터 경주처럼 보일 수도 있다.

그러나 인생의 그 순간순간의 고통은 너무나 힘들고 길다.

따라서 우리는 42.195km를 달릴 수 있도록 멀리 보고 뛰어야 한다.

마라톤을 '우사인 볼트'처럼 뛰고 싶으면 열심히 허무한 꿈이나 꾸며 살아야 한다.

추천사

성신제, 한국 외식 업계의 대부를 만나다

　내가 『창업자금 칠만 이천 원』을 읽은 때는 지금부터 12년 전이다. 그 책은 내게 감동과 희열, 그리고 눈물을 안겨 주었다. 사업이란 무엇인가에 대해서 생각해보게 된 계기이기도 했다.
　성신제 선생님은 기본적으로 보통 사람이 아니다. 그는 지금 일흔이 넘었지만, 20대 못지않은 열정과 에너지를 지니고 있다. 그와 조금만 이야기를 나누어보면, 그의 심장의 온도에 화상을 입을 정도이다. 그리고 그는 실행력과 추진력이 타고났으며, 자신감이 있으며, 어떤 상황에서도 굴하거나 쓰러지지 않는다. 그에게는 그런 힘이 있다.
　성신제 선생님은 피자헛을 한국 최초로 가져와 엄청난 성공을 거둔 장본인이다. 당시 외식문화 판도 자체를 완전히 바꾸었다고 보면 된다. 그 당시는 86년 아시안게임과 88년 서울 올림픽으로 한국의 경제수준이 올라가는 때였고, 그때에 우리 시대에 필요한 식당은 '가족식당'이었다. 그는 그 콘셉트를 가지고 피자헛을 '가족들이 외식하는 고급식당, 그러나 호텔보다는 저렴한 고급식당'으로 포지션을 잡고 들어갔다. 그래서 '함께 즐겨요 피자헛'이라는 로고송을 만들어 TV 광고를 하고, 대대적인 홍보를 했다. 피자헛은 한국 문화의 핫플레이스가 되었다.

당시 대한민국의 거의 모든 연예인들이 피자헛을 찾아왔다. 요즘 식당을 창업해서 한국의 거의 모든 연예인들이 오는 식당이 있는가? 없다. 그러나 피자헛은 달랐다. 한국의 톱 연예인들이 거의 모두 피자헛으로 왔다. 즉, 피자헛은 식당이 아닌 문화의 성지, 한국의 새로운 개념을 만든 식당이 되었다. 당연히 전국적으로 난리가 났다. 피자헛에 가지 않으면 대화를 할 수 없을 정도로 젊은이들의 아이콘이 되었고, 그야말로 대히트의 연속이었다.

결국 그는 94년 110억이라는 한국에서 가장 많은 종합소득세를 낸 인물이 된다. 피자헛을 경영한 지 10년, 그는 피자헛 본사로부터 300억 원을 받게 된다. 그 당시의 300억 원은 현재 가치로 환산하면 약 3,000억 원에 이른다. 그는 52개 직영점을 운영하며 1,100명의 직원들과 함께 일을 했다. 이 모든 일들이 불과 10년 만의 일이다. 그는 35세에 피자헛을 창업하였고, 45세에 이렇게 큰 성공을 했다. 사람들은 그를 이렇게 불렀다. '한국 외식업계의 전설', '한국 외식업계의 대부' 그는 어느 순간 한국을 대표하는 외식업계의 큰손이 되어 있었다.

이 책은 그가 40대 중반에 쓴 책이다. 최고의 가도를 달렸고, 그것을 정리하고 성찰하면서 집필한 책이다. 책을 읽어보면 알겠지만, 그의 심장의 온도가 매우 뜨겁다. "사업이란 무엇인가? 삶이란 무엇인가? 어떻게 살아가야 하는가?"에 대한 정답이 필요한 사람이라면, 이 책을 읽으면 어느 정도 해답을 얻을 수 있을 것이다. 그만큼 뜨겁고 놀라운 책이기 때문이다.

35세의 혈혈단신으로 뛰어들어 기라성 같은 대기업들을 물리치고, 펩시코 본사의 회장을 설득해서 피자헛을 가져온 이야기, 경영에서 발생하는 다양한 어려움, 순탄하게 보이는 경영이었지만 그 속을 파고들면 하나하나가 모두 엄청나게 어려웠던 순간의 연속들을 보면서 여러분들은 숨 막히는 긴장감과 최고만이 느낄 수 있는 열정을 다시 느낄 수 있을 것이다.

성신제 선생님은 기본적으로 삶을 치열하고 뜨겁게 살아온 사람이다. 그가 한국 최고라는 평가를 받고, 연예인들이 식당에 가득하고, 언론에서 모두 주목하고, 매일 뭉칫돈에 해당하는 돈이 들어올 때도 그는 치열하고 뜨거웠다. 그는 편안한 사장 의자에 앉아 명령을 내리고만 있는 사장과는 차원이 다른 사람이었다. 그는 굉장히 치열하게 일을 했다. 그리고 식사를 제대로 할 시간도 잘 없었다. 그래서 그는 이태원 피자헛의 손님이 보이지 않는 계단에 혼자 앉아서 라면을 먹으면서 일을 했다. 왜냐하면 시간이 없었기 때문이다.

실제로 사장은 어떤 존재인가? 편하게 살고, 명령하고, 사람들에게 으스대는 자리가 결코 아니다. 그 자리는 피와 땀 그리고 눈물로 범벅이 되는 자리이다. 사실 성공은 그렇다. 성공을 하는 사람은 실제로 일에 미쳐 있다. 그냥 일을 하는 것이 아니다. 미쳐 있다. 그리고 잘 쉬지도 못한다. 집에 와서도 늘 긴장을 하면서 일을 한다. 늘 걱정거리가 많다. 식당이 50개가 있다고 해보라. 불이 날 수도 있고, 도난 사고가 발생할 수도 있다. 조폭이 와서 행패를 부리는 경우도 있고, 진상 고객도 있다. 또, 경기가 급속도로 나빠지는 등 통제 불가능한 상황도 있다.

작은 식당을 하나 경영하는 것에는 삶의 모든 것이 담겨 있다. 고객 만족의 끝을 추구하기 위해서 고민하고 또 고민해야 한다. 손님의 표정 하나하나를 세심하게 살펴야 하고, 남는 잔반이 무엇인지 보고 늘 개선을 고민해야 한다. 직원들을 교육시켜야 하고, 어떻게 하면 좀 더 나은 회사를 만들 수 있을지 늘 고민해야 한다. 또, 사장은 회사의 어려운 일부터 작은 일 하나하나까지 모두 완벽하게 알아야 한다. 그래야 직원에게 휘둘리지 않을 수 있다. 이 모든 일을 커버해야 하는 것이 사장이고, 그렇기 때문에 편하게 살려고 사장을 하려는 사람은 지금 당장 사장을 그만둬야 한다. 그렇게 해서 성공할 수 있는 경영은 세상천지에 없기 때문이다.

성신제 선생님의 삶은 치열함 그 자체이고, 경영학 교과서 그 자체였다. 35세에 시작한 사업은 한국 최고라는 말을 듣는 수준으로 올라왔다. 그리고 연이어 사업을 계속했고, 그러면서 실패와 성공을 두루 경험했다. 그리고 일흔이 넘은 현재도 도전을 멈추지 않고 있다. 컵케이크 사업을 하고 있고, 이제 한국 실전경영학교라는 새로운 도전을 준비하고 있다.

나는 성신제 선생님을 여러 번 만나 대화를 하면서 인생에 대해서 많은 것을 배웠다. 그의 태도, 치열함, 열정, 도전정신, 그리고 실패해도 결코 쓰러지지 않는 불굴의 정신을 배웠다. 그를 통해서 성공의 진실에 대해서 제대로 깨달을 수 있었다. 그는 실제로 현재 가치로 따지면 수천억대의 부자였었고, 그의 지인들인 세계적인 재벌 혹은 한국의 30대 재벌들의 이야기를 들으면서 많은 것을 깨달을 수 있었다. 성공이란 그렇게 피와 땀과 눈물의 산물이라는 것을, 그리고 인간은 자신의 주어진 운명 속에서 늘 초심으로 걸어가야 한다는 것을 배웠다.

여러분들도 이 책을 통해서 성신제 선생님과 대화를 나눈다면, 적어도 내일부터는 삶이 달라질 것이다. 그의 심장의 온도가 그대로 전해질 것이기 때문이다. 인생은 태도가 80%이다. 늘 최선을 다해서 살아가는 자는 반드시 큰 성취를 거둘 수 있기 때문이다. 모쪼록 이 책이 여러분들의 삶에 커다란 등불과 희망 그리고 에너지가 되기를 바라는 마음이다.

2018년 5월 이상민책쓰기연구소에서
이상민 작가

출간후기

**선진 외식 산업 1세대가 전하는
성공과 노하우, 그 비법으로
행복과 긍정의 에너지가 팡팡 샘솟기를 기원합니다!**

권선복
도서출판 행복에너지 대표이사

거리에서 흔하게 볼 수 있는 것이 가맹점이지요. 대형 프랜차이즈 뿐만 아니라 법인 없이 분점만 몇 개 차린 경우까지, 오늘날 너도나도 뛰어드는 것이 바로 프랜차이즈 사업이기 때문입니다. 소규모로 사업하는 개인사업자들은 광고비를 덜고 선진화된 시스템을 그대로 전달받아 이행만 하면 되는 구조에서 많은 경비와 위험을 덜게 되고 손익을 맞추는 정상화 단계까지 시간을 단축하게 됩니다.

선진화된 프랜차이즈 외식 산업을 한국에 일으킨 1세대 기수가 있습니다. 바로 한국에 〈피자헛〉을 들여온 저자 성신제입니다. 한국의 〈피자헛〉 1호점인 이태원점을 개점한 후 KBS의 추적 60분에서 "음식에 들이는 정성과 성의가 우리나라도 이 정도는 되어야 하지 않겠는가." 하고 극찬을 하였다고 합니다. 외에도 "이렇게 외국인들도 편안한 마음으로 부담 없이 즐길 수 있는 수준이 되어야 하지 않겠는가."와 같은 코멘트를 남겼다고 하니 당시의 반향을 짐작할 수 있지요.

84년, 〈피자헛〉에 관한 한국 지역 독점권을 따내고 93년까지 전국에 50여 개의 매장을 성공적으로 유치한 저자는 사업에 관한 에피소드 외에도 베네치아 뱃사공 이야기, 친구 유홍준에 관한 이야기를 소개하며 다채로운 흥미를 돋우고 있습니다.

저자가 〈피자헛〉 계약 후 처음으로 받은 것이 '운영에 관한 지침서'였으며, 시스템의 중요성은 사업·매장 운영에 있어서 그 중심이라고 할 수 있습니다. 사업에 필요한 수많은 노하우와 시스템을 '멋진 성공을 위하여', '영원한 고민 서비스' 편에 담았습니다. 좋은 자질의 직원을 뽑는 법부터 상호와 점포의 위치 문제까지, 실제 운영상의 고민들을 시원하게 풀어주고 있어서 저자의 얘기를 따라가며 스승으로 삼는다면 자연스럽게 외식 사업의 길이 환히 밝혀질 것입니다. 이 책을 통해 사업을 준비하고 새로운 시작을 꿈꾸는 모든 분들의 마음 속에 행복 에너지가 팡팡팡 샘솟기를 기원드리겠습니다.

Happy Energy books   좋은 원고나 출판 기획이 있으신 분은 언제든지 **행복에너지**의 문을 두드려 주시기 바랍니다.
ksbdata@hanmail.net   www.happybook.or.kr   단체구입문의 ☎ 010-3267-6277   도서출판 **행복에너지**

하루 5분, 나를 바꾸는 긍정훈련
행복에너지

'긍정훈련' 당신의 삶을
행복으로 인도할
최고의, 최후의 '멘토'

'행복에너지
권선복 대표이사'가 전하는
행복과 긍정의 에너지,
그 삶의 이야기!

★인터파크
자기계발 분야 주간
베스트 1위

권선복 지음 | 15,000원

권선복

도서출판 행복에너지 대표
영상고등학교 운영위원장
대통령직속 지역발전위원회
문화복지 전문위원
새마을문고 서울시 강서구 회장
전) 팔팔컴퓨터 전산학원장
전) 강서구의회(도시건설위원장)
아주대학교 공공정책대학원 졸업
충남 논산 출생

책 『하루 5분, 나를 바꾸는 긍정훈련 - 행복에너지』는 '긍정훈련' 과정을 통해 삶을 업그레이드하고 행복을 찾아 나설 것을 독자에게 독려한다.
긍정훈련 과정은 [예행연습] [워밍업] [실전] [강화] [숨고르기] [마무리] 등 총 6단계로 나뉘어 각 단계별 사례를 바탕으로 독자 스스로가 느끼고 배운 것을 직접 실천할수있게하는 데 그 목적을 두고 있다.
그동안 우리가 숱하게 '긍정하는 방법'에 대해 배워왔으면서도 정작 삶에 적용시키지 못했던 것은, 머리로만 이해하고 실천으로는 옮기지 않았기 때문이다. 이제 삶을 행복하고 아름답게 가꿀 긍정과의 여정, 그 시작을 책과 함께해 보자.

『하루 5분, 나를 바꾸는 긍정훈련 - 행복에너지』

"좋은 책을 만들어드립니다"
저자의 의도 최대한 반영!
전문 인력의 축적된 노하우를 통한 제작!
다양한 마케팅 및 광고 지원!

최초 기획부터 출간에 이르기까지, 보도자료 배포부터 판매 유통까지! 확실히 책임져 드리고 있습니다. 좋은 원고나 기획이 있으신 분, 블로그나 카페에 좋은 글이 있는 분들은 언제든지 도서출판 행복에너지의 문을 두드려 주십시오! 좋은 책을 만들어 드리겠습니다.

출간도서종류
시·수필·소설·자기계발·
일반실용서·인문교양서·평전·칼럼·
여행기·회고록·교본·경제·경영 출판

도서출판 **행복에너지**
www.happybook.or.kr
☎ 010-3267-6277
e-mail. ksbdata@daum.net